国家出版基金项目
NATIONAL PUBLICATION FOUNDATION

欧亚历史文化文库

总策划　张余胜

兰州大学出版社

上古欧洲斯基泰文化巡礼

丛书主编　余太山

刘雪飞　编著

图书在版编目(CIP)数据

上古欧洲斯基泰文化巡礼/刘雪飞编著. —兰州：
兰州大学出版社,2012.10
(欧亚历史文化文库/余太山主编)
ISBN 978-7-311-03987-5

Ⅰ.①上… Ⅱ.①刘… Ⅲ.①上古史—文化史—欧洲
Ⅳ.①K501

中国版本图书馆 CIP 数据核字(2012)第 249482 号

总 策 划　张余胜

―――――――――――――――――――――――――――――――――――

书　　名　上古欧洲斯基泰文化巡礼
丛书主编　余太山
作　　者　刘雪飞　编著
出版发行　兰州大学出版社　（地址:兰州市天水南路 222 号　730000）
电　　话　0931-8912613(总编办公室)　　0931-8617156(营销中心)
　　　　　0931-8914298(读者服务部)
网　　址　http://www.onbook.com.cn
电子信箱　press@lzu.edu.cn
印　　刷　天水新华印刷厂
开　　本　700 mm×1000 mm　1/16
印　　张　10.75
字　　数　142 千
版　　次　2012 年 10 月第 1 版
印　　次　2012 年 10 月第 1 次印刷
书　　号　ISBN 978-7-311-03987-5
定　　价　32.00 元

―――――――――――――――――――――――――――――――――――

（图书若有破损、缺页、掉页可随时与本社联系）

出 版 说 明

　　随着 20 世纪以来联系地、整体地看待世界和事物的系统科学理念的深入人心，人文社会学科也出现了整合的趋势，熔东北亚、北亚、中亚和中、东欧历史文化研究于一炉的内陆欧亚学于是应运而生。时至今日，内陆欧亚学研究取得的成果已成为人类不可多得的宝贵财富。

　　当下，日益高涨的全球化和区域化呼声，既要求世界范围内的广泛合作，也强调区域内的协调发展。我国作为内陆欧亚的大国之一，加之 20 世纪末欧亚大陆桥再度开通，深入开展内陆欧亚历史文化的研究已是责无旁贷；而为改革开放的深入和中国特色社会主义建设创造有利周边环境的需要，亦使得内陆欧亚历史文化研究的现实意义更为突出和迫切。因此，将针对古代活动于内陆欧亚这一广泛区域的诸民族的历史文化研究成果呈现给广大的读者，不仅是实现当今该地区各国共赢的历史基础，也是这一地区各族人民共同进步与发展的需求。

　　甘肃作为古代西北丝绸之路的必经之地与重要组

成部分,历史上曾经是草原文明与农耕文明交汇的锋面,是多民族历史文化交融的历史舞台,世界几大文明(希腊—罗马文明、阿拉伯—波斯文明、印度文明和中华文明)在此交汇、碰撞,域内多民族文化在此融合。同时,甘肃也是现代欧亚大陆桥的必经之地与重要组成部分,是现代内陆欧亚商贸流通、文化交流的主要通道。

基于上述考虑,甘肃省新闻出版局将这套《欧亚历史文化文库》确定为2009—2012年重点出版项目,依此展开甘版图书的品牌建设,确实是既有眼光,亦有气魄的。

丛书主编余太山先生出于对自己耕耘了大半辈子的学科的热爱与执著,联络、组织这个领域国内外的知名专家和学者,把他们的研究成果呈现给了各位读者,其兢兢业业、如临如履的工作态度,令人感动。谨在此表示我们的谢意。

出版《欧亚历史文化文库》这样一套书,对于我们这样一个立足学术与教育出版的出版社来说,既是机遇,也是挑战。我们本着重点图书重点做的原则,严格于每一个环节和过程,力争不负作者、对得起读者。

我们更希望通过这套丛书的出版,使我们的学术出版在这个领域里与学界的发展相偕相伴,这是我们的理想,是我们的不懈追求。当然,我们最根本的目的,是向读者提交一份出色的答卷。

我们期待着读者的回声。

总 序

本文库所称"欧亚"(Eurasia)是指内陆欧亚,这是一个地理概念。其范围大致东起黑龙江、松花江流域,西抵多瑙河、伏尔加河流域,具体而言除中欧和东欧外,主要包括我国东三省、内蒙古自治区、新疆维吾尔自治区,以及蒙古高原、西伯利亚、哈萨克斯坦、乌兹别克斯坦、吉尔吉斯斯坦、土库曼斯坦、塔吉克斯坦、阿富汗斯坦、巴基斯坦和西北印度。其核心地带即所谓欧亚草原(Eurasian Steppes)。

内陆欧亚历史文化研究的对象主要是历史上活动于欧亚草原及其周邻地区(我国甘肃、宁夏、青海、西藏,以及小亚、伊朗、阿拉伯、印度、日本、朝鲜乃至西欧、北非等地)的诸民族本身,及其与世界其他地区在经济、政治、文化各方面的交流和交涉。由于内陆欧亚自然地理环境的特殊性,其历史文化呈现出鲜明的特色。

内陆欧亚历史文化研究是世界历史文化研究中不可或缺的组成部分,东亚、西亚、南亚以及欧洲、美洲历史文化上的许多疑难问题,都必须通过加强内陆欧亚历史文化的研究,特别是将内陆欧亚历史文化视做一个整体加以研究,才能获得确解。

中国作为内陆欧亚的大国,其历史进程从一开始就和内陆欧亚有千丝万缕的联系。我们只要注意到历代王朝的创建者中有一半以上有内陆欧亚渊源就不难理解这一点了。可以说,今后中国史研究要有大的突破,在很大程度上有待于内陆欧亚史研究的进展。

古代内陆欧亚对于古代中外关系史的发展具有不同寻常的意义。古代中国与位于它东北、西北和北方,乃至西北次大陆的国家和地区的关系,无疑是古代中外关系史最主要的篇章,而只有通过研究内陆欧亚史,才能真正把握之。

内陆欧亚历史文化研究既饶有学术趣味,也是加深睦邻关系,为改革开放和建设有中国特色的社会主义创造有利周边环境的需要,因而亦具有重要的现实政治意义。由此可见,我国深入开展内陆欧亚历史文化的研究责无旁贷。

为了联合全国内陆欧亚学的研究力量,更好地建设和发展内陆欧亚学这一新学科,繁荣社会主义文化,适应打造学术精品的战略要求,在深思熟虑和广泛征求意见后,我们决定编辑出版这套《欧亚历史文化文库》。

本文库所收大别为三类:一,研究专著;二,译著;三,知识性丛书。其中,研究专著旨在收辑有关诸课题的各种研究成果;译著旨在介绍国外学术界高质量的研究专著;知识性丛书收辑有关的通俗读物。不言而喻,这三类著作对于一个学科的发展都是不可或缺的。

构建和发展中国的内陆欧亚学,任重道远。衷心希望全国各族学者共同努力,一起推进内陆欧亚研究的发展。愿本文库有蓬勃的生命力,拥有越来越多的作者和读者。

最后,甘肃省新闻出版局支持这一文库编辑出版,确实需要眼光和魄力,特此致敬、致谢。

余太山

2010 年6 月30 日

目录

前言

提起草原，提起游牧民族，国人可能首先想到的是蒙古高原、匈奴、蒙古人、成吉思汗等耳熟能详的地名、族名和人名。然而，若延伸去问，西方历史上熟知的草原在哪，最早知晓的游牧民族是谁？恐怕没几个人知道，即使是一个历史学科班出身的学生。走笔至此，本书的"主角"——南俄草原的斯基泰人（Scythians，又译为西徐亚人）就应该登场了。

斯基泰人，是上古时期生活在南俄草原上的一支游牧民族。作为早期铁器时代的游牧民族，她承上启下，孕育出较为典型、成熟的骑马游牧文化，为以后的游牧文化提供了一定的范式。依照游牧民族的惯常习性，凭借着进退自如的机动能力，她曾进击西亚，纵横东欧，屡屡搅动着古代地中海世界的北方边陲，与亚述、波斯和马其顿等帝国多次发生军事冲突，引起亚述、波斯和希腊罗马等文明世界的极大注意，于是斯基泰人以其独特的游牧文化成为最早见载于西方史册的游牧民族，犹如中国历史上的匈奴，且在以后的历史书写中不时充当"游牧民族"的角色。由此来看，是斯基泰人在西方书写了南北之间游牧文明与农耕文明交往的开首篇章。不仅如此,在四方袭掠的岁月中,她还曾和黑海北岸的希腊殖民者,沿着毛皮路往返,东西交通,是丝绸之路西段的开拓者之一。因此,回溯上古欧亚草原的东西方交流,斯基泰人是一个无法绕开的族群。

有鉴于此, 本书即将对上古欧洲斯基泰人的历史与文化作一次概观性描述。

1　谁是斯基泰人?

斯基泰人自身没有文字,也就没有本民族的文献传世。现今有关斯基泰人的文献资料,主要散见于希罗多德等古希腊罗马作家的著述中,总体较为单薄,且所记内容不乏想象的成分,往往掺杂着神话和传说,充斥着偏见和虚美。而在现代的历史编纂学中,她则常常被忽视,即使偶尔现身也是同传说中的独角兽、祭司王约翰和亚特兰提斯一道被流放到附录和脚注中去。

那么究竟谁是斯基泰人呢? 斯基泰人一词具有什么含义? 斯基泰人一词指涉的人群又有多大呢? 我们从西方古典文献和考古资料两个方面来回答这个问题。

1.1　西方古典文献中的斯基泰人

1.1.1　广义"斯基泰"概念的生成与变迁

斯基泰人,用古希腊文标示为 Σκύθης,其所在地域被称为斯基提亚(Scythia),用希腊文标示为 Σκυθική 或 Σκυθία。对于 Σκύθης 的具体语源,学术界目前仍不清楚,据推测可能来自于一种东方语言。对于其语义,匈牙利语言学家采梅伦伊(Szemerényi)从语言学角度出发认为,Σκύθης 与亚述语中的 aškuz 都来源于构拟的原始伊朗语单词 Skuda,而 Skuda 则源自印欧语词根 skeud,意为"推进、射击"。故 Skuda 一词应具"射手、弓手"之意[1]。如此一来,"斯基泰人"从语义学上来讲,应指娴熟弓箭之人。

---

〔1〕Oswald Szemerenyi, *Four Old Iranian Ethnic Names*: *Scythia-Skudra-Sogdian-Saka*(《四个古伊朗语族名:斯基提亚、斯库德拉、索格底亚纳、萨迦》), Österreichische Akademie der Wissenschaften, 1980, pp. 16 - 21, 45 - 46.

在古希腊,最早提到斯基泰人的作家可能是荷马。在《伊利亚特》中,荷马在描绘宙斯环视北方看到的场景时,提到了"希佩摩尔戈斯人"(Hippemolgi,意为饮马奶者)和"阿比奥斯人"(Abii,意为公正者)[1]。于此,荷马并未明确提及"斯基泰人"之名,然斯特拉波(Strabo)认为,荷马其实知晓斯基泰人,只不过那时人们惯以饮马奶者相称而已。从考古资料和气象学资料来看,受公元前11世纪开始的干旱气候影响,南俄草原的居民在公元前8世纪已主要从事游牧型畜牧业,骑马放牧,饮马奶是其重要的外观特征;同时,在公元前8世纪斯基泰人侵入黑海北岸,也不乏考古证据。因此荷马所谓的饮马奶者和公正者,很有可能是后世所知的斯基泰人。

对于斯基泰人这一称谓,现今所知最早出现在赫西俄德(Hesiod)的作品中。在归入赫西俄德名下的残篇《名媛录》(Catalogue of Women)中,斯基泰人在草原上的游牧生活被浓缩成一行诗句:"这些以奶为生、以车为家的人的土地",其性格则被刻画成"头脑在舌头之上"(意即他们赞成谨慎的保守)[2]。

传说中的神奇人物阿利司铁阿斯(Aristeas of Proconnesus),据说曾到过斯基提亚,并写下史诗《阿里玛斯波伊》(Arimaspeia,意为独目巨人)。但此诗现已轶失,从希罗多德《历史》那里,我们了解该史诗记录了当时中亚草原上的诸族及其相互间的征战,提到了斯基泰人迁入黑海北岸一事。

然而荷马、赫西俄德、阿利司铁阿斯对斯基泰人的记录大多比较隐晦,且只言片语。希腊人对斯基泰人的记载增多,详尽度提高,则要到了公元前5世纪左右。当时,大量希腊人向黑海沿岸移民,与内陆草原的斯基泰人频繁交往,对斯基泰人的了解逐渐增多。不仅如此,有些古典作家也许还曾亲自到过黑海北岸,搜集信息,编纂成书,留下了一

---

〔1〕荷马:《伊利亚特》,罗念生、王焕生译,载《罗念生全集》(第5卷),上海人民出版社2007年版,第320页。

〔2〕Stephanie West, "Scythians"(《斯基泰人》), in *Brill's Companion to Herodotus*(《布瑞尔希罗多德指南》), Egbert J. Bakker, Irene J. F. De Jong (eds.), Leiden·Boston·Köln: Brill, 2002, p. 444.

些珍贵的资料。他们中的代表人物主要是赫卡泰乌斯(Hecataeus of Miletus)、希波克拉底(Hippocrates)和希罗多德。

赫卡泰乌斯作品《大地环游记》中,包含了关于黑海北岸斯基泰人的一些史料,可惜大都散失,现仅存少数残篇。据说希波克拉底也曾到过黑海北岸。在《论空气、水和地方》一文中,他曾描述过关于斯基泰部落的生活方式和礼仪,着重探讨了斯基提亚严寒天气对斯基泰人的影响,比如他提到斯基泰人身材矮小、身体娇弱、繁殖能力低、缺乏勇气、容易生病等。希罗多德,则是斯基泰资料的集大成者。他广泛收集前人著述,亲自前往黑海北岸调查取证,获得了大量第一手资料。在《历史》第4卷中,举凡斯基泰人的神话、历史、地理、风俗习惯、所属部落、对外交往等,希罗多德无不一一记述,留下了许多珍贵的史料。

正是以上几位作家的记载,使得公元前4世纪前后希腊人对斯基泰人的了解逐步加深,相关知识大大增多。从此,斯基泰人开始频频出现在希腊作家的作品里,其在古希腊人心目中的形象也大致定型。

饮马奶,这与希腊人的日常饮食习俗存在显著差异,所以希腊人对此印象深刻,从荷马、赫西俄德就开始提及,到公元前4世纪左右,记载较前更为详细。希腊人一般认为,斯基泰人饮马奶,食用一种由马奶做成的名为"吉帕卡"(Hippake)的奶酪。希罗多德曾记述过斯基泰人使用盲人奴隶搅动马奶制取奶食的过程,说浮到马乳表面上的东西被作为最珍贵的东西取出来,留在桶下面的东西则被认为是不大珍贵的东西。希波克拉底也曾详细记载过斯基泰人制取马奶的经过,且更加符合日常牧人的经验,比如他认为黄油浮在上面,重的固体则沉在底部,干燥以后可做奶酪,而停在中间的则是奶浆。

篷车,是一种用牛或马牵引的帐篷,用毛毡制成。作为斯基泰人日常的运载工具及居住场所(见图1-1[1]),希腊人显然对此也曾耳闻目睹,印象深刻。诗人品达在诗中曾提到过"马车携带的房子"。希罗

---

〔1〕Renate Rolle, *The World of the Scythians*(《斯基泰人的世界》), Berkeley and Los Angeles: University of California, 1989, p. 114.

·欧·亚·历·史·文·化·文·库·

多德也说斯基泰人的家宅随人迁移,他们的家就在车上。然而,他们都没有详细描述斯基泰人的篷车。希波克拉底则在《论空气、水和地方》一文中对此曾予以详尽的描述:

> 居住在那里的斯基泰人被称为游牧民,因为他们没有任何房屋而住在车里。最小的车有四个轮,而其他的有六个轮,车上盖以毛毡,但构造颇似房屋;一些是双间的,其他是三间的,它们都可以防雨并御风雪;这些车用两对或三对无角牛(由于寒冷而不生角)拖拉着。女人与孩子们在车里度日……[1]

图1-1 陶制的斯基泰马车

骑马射箭,这是初登历史舞台的骑马游牧民族——斯基泰人给文明国家最深刻的印象,希腊人也不例外。斯基泰人娴熟的骑术、快速的机动能力和精准的射术,使希腊人颇为惊讶。希罗多德曾用一个名词ίππoτoξóται(Horsearcher,马上弓箭手)来概括斯基泰人的骑射技艺。并且,希腊人并不仅仅从别人的著述中去认识这一点,他们对斯基泰弓箭手还有直观的认识。希波战争之后,雅典曾购入300名斯基泰弓箭手,让他们充当公共奴隶,背弓持箭,执行警察事务。当时的戏剧,比如阿里斯托芬的喜剧《阿卡奈人》、《骑士》、《地母节妇女》、《公民大会妇女》等都出现了斯基泰人弓箭手的活跃身影。由于斯基泰人武器装备独特,因此在这一时期的雅典,斯基泰人和弓箭手(τoξóται,Archers)两个词可以相互代替,后者正是用来指代这些斯基泰人的。

从以上三个特征来看,斯基泰人在希腊人心目中无疑是个典型的

---

〔1〕波德纳尔斯基:《古代的地理学》,梁昭锡译,商务印书馆2009年版,第61页。

游牧民族。他们居无恒所,逐牲畜随水草迁移。这种行为对习惯城市生活的希腊人来说是难以想象的。希罗多德在描述斯基泰人对抗大流士入侵时就认为,斯基泰人为免遭侵袭:"在全人类中最重要的一件事上,却做出了我们所知道的、最有才智的一个发现",这就是:

> 原来他们并不修筑固定的城市或要塞,他们的家宅随人畜迁移,而他们又是精于骑射之术的。他们不以农耕为生,而是以畜牧为生。他们的ς家就在车上……[1]

对希腊人来说,斯基泰人是他们最早接触的游牧民族,也是他们所熟知的游牧民族,在某种程度上,斯基泰人就成了他们心目中游牧民族的代称,以至于成书于公元 10 世纪左右的《苏达辞书》将希腊文的"游牧民族"(νομαδε,nomads)与斯基泰人设定为同义词。正因如此,法国著名学者哈尔托格(Hartog)认为,在古希腊,斯基泰人和游牧民族之间存在某种对应关系,斯基泰人就是游牧民族,游牧民族就是斯基泰人。

然而,正是以上希腊人以斯基泰人作为他者的认识所形成的这种思维定势,使得他们在面对黑海北岸的游牧族群时,常常会以一致性抹杀其多样性,用"斯基泰人"来泛称黑海北岸及邻近地区所有的游牧族群,从而忽略了该地族群的多样性和地区差异性,其结果仅仅是便于人们去区分异域的非文明的斯基泰人和他们熟悉的、文明的希腊人。例如,赫卡泰乌斯将美兰克拉伊诺伊人(Melanchlaeni)或伊赛多涅斯人(Isssedones)[2]均视为"斯基泰民族",而希罗多德在《历史》中则将伊赛多涅斯人同斯基泰人视为一种并列关系,对于美兰克拉伊诺伊人,希罗多德虽然承认他们拥有斯基泰人的风俗习惯,但依然认为他们是一个不同的民族,而与斯基泰人同列。马萨格泰人(Massagetae)是生活在阿姆河和锡尔河下游地区的部落,使用青铜工具,与斯基泰人不同,然因生活方式和服装相同,有些希腊人认为他们是斯基泰人,

---

[1]希罗多德:《历史》,王以铸译,商务印书馆 1959 年版,第 283 – 284 页。

[2]美兰克拉伊诺伊人是黑海北岸的一个部落,穿黑衣;伊赛多涅斯人是古代中亚的一个神秘民族。

甚至有些希腊人还将马萨格泰女人乱交的风俗转而安插在斯基泰人身上。至于当时生活在黑海北岸的另外一支伊朗语游牧人群萨尔马特人(Sarmatians),因其与斯基泰人地缘相近、生活方式相同,许多希腊人更是将其视为斯基泰人,并顺理成章地将萨尔马特人一些母系社会的风俗习惯,如女人为上阵杀敌烧掉右乳等加诸斯基泰人身上。希波克拉底曾提到斯基泰人居住在欧洲麦奥提斯湖(Maeotis,今亚速海)周围,他们自称为撒乌罗玛泰伊人(Sauromatians)。在此,他一方面承认这些人自称为撒乌罗玛泰伊人,但同时又认为他们是斯基泰人,以此标示他们的身份和属性,即他们是游牧民族。对于普通希腊人来说,他们显然更不会去仔细甄别,具体区分,对他们来说,斯基泰人只是一个符号,代表生活在北方的游牧民族而已。对此,身为希腊人的斯特拉波也清醒地认识到:

> 我认为,例如,基于古代希腊人的观点——正如他们将他们所知道的北方居民统归于一个单一的"斯基泰人"名下,或者用荷马的语汇将之统称为"游牧者",后来当他们发现西方居民时又以同样的方式,用"凯尔特人"、"伊比利亚人",或复合称呼"凯尔特伊比利亚人"、"凯尔特斯基泰人",把几个民族并到一个名称之下——我坚持认为,正是基于古代希腊人的观点,所有大海之南的地方被称作了"埃塞俄比亚"。[1]

由此可见,黑海北岸的所有部落都是斯基泰人这一观念在大多数希腊人心中是根深蒂固的。

公元前4世纪晚期,随着亚历山大东征,希腊人视野的进一步拓宽,希腊文语境中"斯基泰人"一称所涵盖人群的范围也较前进一步扩大。当时,亚历山大在东征中亚的过程中,遇到了众多的游牧民族。他们与黑海北岸的斯基泰人着装相同,生活方式相似,且善于骑射,性喜劫掠。希腊人及后来的罗马人遂用"斯基泰人"来称呼他们,斯基泰人

---

〔1〕Strabo, *The Geography of Strabo*(《地理志》), I, Loeb Classical Library, Cambridge, MA: Harvard University Press, 2005, pp. 2, 27.

涵盖的人群范围及活动地域由是扩大,与波斯人所谓的"萨迦"(Saka)重合。阿里安在叙述亚历山大东征时,曾提到过亚洲的斯基泰人,说他们是个自主的民族,主要因为他们生活艰苦、坚持公道,且描绘了亚历山大率军与之作战的经历。只是为了与向亚历山大遣使和谈的黑海北岸斯基泰人相区别,阿里安称这批中亚的游牧民族为亚洲斯基泰人,黑海北岸的则为欧洲斯基泰人。斯特拉波和普林尼(Pliny the Elder)写道,斯基泰人和"印度"相对或居住在药杀水(Jaxartes)的另一端。狄奥多罗斯(Diodorus)和庞培·特罗古斯(Pompeius Trogus)也这样认为,且庞培·特罗古斯提到斯基泰人在亚洲曾3次称霸,无论是居鲁士、大流士还是亚历山大都未能征服他们。游牧生活的特点是频繁的迁徙,其结果是不同的部落可能相继占据同一个区域。考虑到这些部落在文化上彼此近似,很多时候不同的古典作家会认为同一历史事件是不同部族所为。例如,谈及居鲁士在中亚作战的对手,希罗多德记载是马萨格泰人,斯特拉波说是萨迦人,昆图斯(Quintus Curtius)则说是阿比厄人(Abiae),克特西亚斯(Ctesias)却认为是德尔比斯人(Derbices),而贝洛苏斯(Berossus)则说是达海人(Dahae)[1]。希腊人虽用"斯基泰人"来称呼他们,但个别作家如斯特拉波似乎也觉察到,斯基泰人于此只能作为集合名词来使用,当地人群自我标榜的族称并不是斯基泰人,因为:

> 从里海开始,大量的斯基泰人被称作达海人,居住在更东的则被称为马萨格泰人和萨迦人,其余的被统称为斯基泰人,但每一个部落都有其自己的名称。他们全部或大部都是游牧民。其中最出名的则是取代巴克特里亚希腊人的阿西人(Asii)、帕西阿尼人(Pasiani)、托恰里人(Tochari)和萨卡拉里人(Sacarauli)……[2]

公元前4和前3世纪之交,黑海北岸的斯基泰人因受到东方游牧族群萨尔马特人攻击,大部分溃散。之后在克里米亚和多布罗加,又有

---

〔1〕雅诺什·哈尔马塔:《中亚文明史》(第2卷),徐文堪译,中国对外翻译出版公司2002年版,第4页。

〔2〕Strabo, *The Geography of Strabo*, XI, pp. 8, 2.

7

两个小的王国被斯特拉波明确称为"小斯基提亚"。此后,不管黑海北岸人群如何更迭迁移变动,希腊人乃至后来的罗马人仍坚持使用"斯基泰人"来称呼黑海北岸的所有人群。如占据此地的萨尔马特人及后续占领此地的民族阿兰人、哥特人等经常会被古典作家习惯性地贴上"斯基泰人"的标签,而中世纪从东方来的匈人(Huns)、保加尔人(Bulgars)、阿瓦尔人(Avars)及其他游牧民族,或因生活方式与斯基泰人相似,或因占据斯基泰人故土也被称为斯基泰人。不仅如此,中世纪兴起于历史舞台上的罗斯人(Rus),生活方式虽与斯基泰人不同,但因占据其故土,有时也被贴上了斯基泰人的标签。这时,以斯基泰人来称呼生活在该地区的族群,除了按照生活方式的标准外,还遵循了地理概念,即希腊人和罗马人早已习惯称黑海北岸为斯基提亚,而生活在那里的人自然就是斯基泰人了。需要注意的是,"斯基泰人"这个称谓后世虽仍在使用,但一般不会特指某一具体人群,而只是基于"游牧民族"这个文化意义,或"北方"这一地理人群概念之上泛泛使用。

古希腊人之所以会将那时如此众多的北方游牧民族概称作斯基泰人,而忽视他们自己的民族差异,有诸多原因。首先,黑海北岸及中亚地区毕竟与古希腊相距甚远,虽然希腊人曾在这两个地区殖民,但对之了解仍然不多,东方、北方仍属于偏远的地区。波里比阿甚至认为,东方的拜占庭也属于当时少有人去的地方。拜占庭尚且如此,更遑论黑海北岸地区。至于中亚,除有短暂的交流以外,古希腊人对之了解更少。因此"斯基泰人"在某种程度上被视为概括北方这些极远地区居民的集合名词,也就不足为奇了,正如老普林尼所说:

> 西徐亚人一词常常转用于萨尔马特人和日耳曼人。这个古老的名称留存了下来,但是只用来称呼那些居住在最遥远地方和世人所不详的那些族罢了。[1]

其次,地理上的遥远还不是最重要的原因,重要的是希腊人的心理影响,他们觉得所有那些远方的居民都似乎大同小异,认为他们在生活

---

〔1〕波德纳尔斯基:《古代的地理学》,梁昭锡译,第319页。

方式、文化心理上,都是一样的,都是与己相异的游牧民族。正如6世纪拜占庭皇帝莫里斯(Maurice)所言,斯基泰人包含众多人群,就生活形态和组织来看,斯基泰人是统一的。[1]

总之,大部分古典作家都普遍认为斯基泰人是游牧民族,居住在黑海北岸乃至中亚,这就是希腊人使用的广义斯基泰人概念,它忽视了黑海北岸和中亚地区的族群多样性和地区复杂性,是一种颇具粗线条的外在印象,甚至不乏想象的成分,是为了区分我族与异族而构拟出来的一个人群共同体,并不完全也不可能严格等同于今天意义上的民族。

1.1.2 希罗多德眼中的斯基泰人

作为斯特拉波所谓古希腊人中的一员,希罗多德在斯基泰人这一称谓的使用上有时也取其广义,用来泛指欧亚草原的游牧民族。如他提到波斯人把所有的斯基泰人都称为萨迦人时,即将斯基泰人做泛化处理,用来统称欧亚草原上众多的游牧人群。不过,在希罗多德那里,这一广义用法仅此一例。在更多的时候,希罗多德笔下的斯基泰人是狭义的,仅指黑海北岸的某些人群。与大多数希腊人从外部观察斯基泰人,将其整体划一地认定为居住在黑海北岸乃至中亚的游牧民族不同,希罗多德综合各种信息,试图将斯基泰人与非斯基泰人加以具体区分,给出一幅关于黑海北岸族群的准确图景。

首先,希罗多德认识到,"斯基泰人"只是希腊人称呼他们时用的一个称谓,他们自己则另有名称,即他们全体根据国王的名字称为斯科洛托伊人(Skolotai)[2]。那么,在黑海北岸究竟哪些人被希罗多德认为是斯基泰人呢?

和大多数希腊作家一样,希罗多德也认为斯基泰人是游牧民族,没有城市和耕地,放牧牛羊,长于骑射。但在叙述斯基提亚地理的过程中,他对这一观点稍做修正,即将其分为王族斯基泰人(Royal Scythians)、游牧斯基泰人(Nomadic Scythians)、卡里披达伊人(Callippidae)、

---

[1]查尔斯·金:《黑海史》,苏圣捷译,中国出版集团2011年版,第69页。
[2]希罗多德:《历史》,王以铸译,第267页。

阿拉佐涅斯人(Alazones)、农耕斯基泰人(Scythian tillers of land)、农民斯基泰人(Scythian farmers)等诸部,其中除王族斯基泰人和游牧斯基泰人单纯从事游牧业外,其他各部则兼行农业。因此,在希罗多德笔下,斯基提亚是一个由王族斯基泰人征服诸部落后形成的人群共同体。显然,在这个人群共同体中,游牧部落和农耕部落不过是一种相互结合、彼此依存的共生关系。

在这个共同体中,只有王族斯基泰人自视为真正的斯基泰人,实际上就是征服者集团,因为"他们把所有其他的斯基泰人都看成是自己的奴隶"。但希罗多德依旧把其他诸部归入"斯基泰人"名下,且给某些部落也冠上了"斯基泰人"的称谓,也许是因为他们在政治上被王族斯基泰人纳入统治范围的缘故。也许就是这种认同上的差异,在关于斯基泰人数问题上,希罗多德给出了一个自相矛盾的说法,他说:

> 我并未能确切地打听到在斯基提亚的居民有多少人,但是关于他们的人数,我听到的说法都不一样。有一些人说他们的人数是很多的,但是又有些人说,真正可以称之为斯基泰人的只有少数的一些人。[1]

显然,之所以会出现说法不一的情况,可能是因为希罗多德问询的对象不同或问询对象判定的标准不一所导致的。说斯基泰人人数很多的人认为,王族斯基泰人及其统治的所有部落民众都是斯基泰人;而说斯基泰人人数少的人则认为,真正的斯基泰人仅仅是指那些王族斯基泰人和游牧斯基泰人。

虽然斯基泰人只是一个政治性质的共同体,但这个共同体却以各种手段来加强凝聚力。希罗多德曾详细记叙过他们举行誓约的习惯:

> 斯基泰人是用这样的办法来同别人举行誓约的。他们把酒倾倒在一个特制的大碗里面,然后用锥子或小刀在缔结誓约的人们的身上刺一下或是割一下,把流出的血混到里面,然后他们把刀、箭、斧、枪浸到里面。在这样做了之后,缔结誓约的人们自身和

---

〔1〕希罗多德:《历史》,王以铸译,第297页。

> 他们的随行人员当中最受尊敬的人们便在一些次庄严的祈求之后饮这里面的血酒。[1]

这和中国古代的歃血为盟非常相似,说明部落一级的斯基泰成员很重视通过这种人与人之间血缘关系的建构,来加强某种誓约的效力。同样,在整个共同体层面,斯基泰人也通过一些方式来加强全体人员的凝聚力,手段之一就是改造各部落的谱系传说,使之成为一个由神王名祖延续下来的众位兄弟的后裔所组成的群体,从而缩小各部落之间的心理距离。希罗多德提到,斯基泰人自己叙述他们起源的传说中斯基泰人祖先塔尔吉塔欧斯3个儿子争夺王位而后繁衍生息形成各部的故事,就很能说明这一点。

在斯基提亚及周边地区,除了上述的斯基泰人共同体,同样也生活着许多其他民族,他们有的也从事游牧业,有的与斯基泰人有着相同的风俗习惯。但希罗多德却并没有因此而给他们贴上斯基泰人的标签,例如,涅乌里司人(Neuri)、昂多罗帕哥伊人(Androphagi,意为食人者)、美兰克拉伊诺伊人3个部落,在风俗习惯方面多与斯基泰人相似。撒乌罗玛泰伊人,曾被认为是亚马逊女人和斯基泰男子结合而孕育的一个民族,生活方式与斯基泰人相似,且说斯基泰语,但希罗多德依然认为他们不是斯基泰人。至于其他的部落或民族,如陶里人(Taurians)、阿伽杜尔索伊人(Agathyrsi)、盖洛诺斯人(Geloni)、布迪诺伊人(Budini)等,也不是斯基泰人。在斯基泰人遭遇大流士进攻威胁时,这些部落曾被斯基泰人邀请共同抵抗大流士,他们和斯基泰人在地位上是平等、并列的。他们之所以不属于斯基泰人范畴,是因为他们没有受到王族斯基泰人的统治,处在斯基泰人这个共同体之外。

由上观之,在希罗多德那里,"斯基泰人"一词并不具备种族上的意义,仅具有政治意义。是否被确定为斯基泰人,与是否游牧和具有类似斯基泰人的风俗习惯无关,而与是否进入王族斯基泰人统治的政治共同体,并与之建立一定的政治关系则相联系。

---

[1]希罗多德:《历史》,王以铸译,第292页。

·欧·亚·历·史·文·化·文·库·

1.1.3　斯基泰人的身份

综上所述,西方古典作家记载中的斯基泰人并不是一个现代意义上的民族,而是一个含有多种因素较为松散的古代民族共同体,也是西方古典作家关注、想象与描述的产物。在许多古典学家看来,它或许只是黑海北岸乃至更大范围内游牧人群的一个代名词,抑或是包容黑海北岸、中亚所有游牧民族在内的一个不太确定的泛称。不管这些人群如何自我认同,语言有何差异,具体文化上有多大不同,只要风俗习惯与斯基泰人相似或雷同,都可被冠以"斯基泰人"的称谓,其涵盖的人群范围随记载者的主观视野而有所伸缩。因此,古典作家眼中的斯基泰人,实际上似乎并不完全基于自然意义上的人类族群,而是一个人为界定和想象中的共同体。

希罗多德其实在一定程度上向我们揭示了某种真谛。从他的记述中,什么是斯基泰人,哪些人属于斯基泰人,似乎并无十分明确的标准,但从他以及其他古典作家叙述的字里行间,我们依然可以抓取到一根大致的线索,即所谓"斯基泰人"族群,不是一个生物学意义上的血缘族群,而实质上是由王族斯基泰人征服周邻诸部后所形成的一个部落联盟式的社会政治共同体。

而本书中所要关注的主要是希罗多德笔下的狭义斯基泰人。为了更好地突出他们,且与中亚的这些游牧族群相区分,故书名冠以"欧洲斯基泰人"。

1.2　据考古资料重建的斯基泰人体貌特征

古希腊罗马作家大都没有描写斯基泰人的体质特征,就是从对斯基泰人了解颇多的希罗多德、希波克拉底等人那里我们也没有获取多少有价值的信息。希罗多德没有记载斯基泰人的外观特征,但从他叙述的语气中可以看出他并没有发现斯基泰人的外貌有何特殊之处。希波克拉底倒是相对细致地描述过斯基泰人的外貌特征。依他看来,受斯基提亚恶劣天气和骑马生活方式的影响,斯基泰人的体型矮胖,身体非常潮湿,肌肉松垂,腿呈弓形,皮肤微红。然而,希波克拉底的记载非常不客观,他对斯基泰人身高、肤色以及其他体貌特征的描写大都是歪曲的,带有强烈的个人主观偏见。根据他的描写,过去许多人一度以为斯基泰人在体质上是蒙古利亚人种。

事实却恰恰相反。在黑海北岸地区包括高加索一带,现今考古发掘出来的斯基泰时期的骸骨都没有蒙古人种特征,他们是欧罗巴人种,区分为长头型和圆头型。斯基泰人的体貌特征可能和他们的起源是有关的。我们应当把他们放置在伊朗民族的人群中,即他们都是印度伊朗语族大家庭中的一员。在具体的体貌特征方面,依现有的考古学资料来说,斯基泰人的个子不但不矮,而是相对较高,即使按照今天的标准来看,他们的个头也很高。这种高度尤其可以在武士还有那些社会上层的墓葬中体现出来。通常,他们身高超过 1.8 米,有时超过 1.9 米,甚至偶尔还超过 2 米。社会上层和底层民众之间在高度上有很大的差异,平均差 10—15 厘米。在那里,高度或许可以被解释为一种社会阶层的标志。

除了遗骸,斯基泰墓葬出土的一些容器上的图像给我们提供了关于他们外貌更加直观生动的资料。1969 年,由基辅考古学家比济利亚(V. I. Bidzilya)率领的考古队伍,在考察盖曼诺瓦(Gaymanova)及其他墓葬时,无意发现了一套精美的饮器。其中有一个半球形状的带把手的银碗,保存完好,造型独特,其外侧器壁上装饰了一层镀金的凸雕花纹的带状雕刻,形象地刻画了一组斯基泰男子图像。[1]

这个容器上总共有 6 个人物,两个在前,两个在后,两侧把手处各有一人。遗憾的是只有前面的人物形象保存较为清晰,后面的则比较模糊。前面的场景生动地描绘了两个年老的战士(见图 1 - 2[2]),在全神贯注地轻松交谈。他们的头朝向对方,嘴唇轻启,眼睛出神,给人一种非常生活化的印象。从整体外观来看,很明显他们是两个地位相

---

〔1〕Renate Rolle, *The World of the Scythians*, p.57.

〔2〕Renate Rolle, *The World of the Scythians*, p.58.

·欧·亚·历·史·文·化·文·库·

等的首领。因为左侧战士手持马鞭,而右侧战士则拿着一个棍棒类型的权杖,而马鞭和权杖无疑是身份和地位的象征。容器背后的两个武士似乎也参与了讨论(见图 1 - 3[1])。他们看上去更加年轻,瘦而结实——至少左边的一个如此,因为我们可以从图像中看出。在他们的左右两侧,各有一个仆人或亲兵,在以跪姿侍候这两个男人。其中右侧是一个外貌祥和的老人,他在以礼让的姿势触摸他的前额,似乎是为他们侍候一只鸟,可能是一只鹅。左侧则是一个年轻人,没有胡须,他携带着一个袋子或皮囊,里面可能盛着为两个主要人物准备的马奶酒。

图 1 - 2　斯基泰墓葬出土银碗前面人物形象

图 1 - 3　斯基泰墓葬出土银碗后面人物形象

---

〔1〕Renate Rolle, *The World of the Scythians*, p. 58.

这6个人物都穿着典型的斯基泰服装,头戴防御草原寒风的护耳尖顶帽,上身着编结的绣花束腰宽松外衣,或用毛皮装饰的皮革,下身则穿绣花的裤子,脚上穿着到踝关节的靴子。除了这身行头,他们的服饰还带有长而尖的飘带,因此当他们骑马时这些飘带肯定上下飘舞。

这就是斯基泰人的民族装束。在今天看来,斯基泰人的这身装束尤其是裤装,没有一点奇特之处。然而,放眼当时,却是了不起的发明,因为当时希腊人和罗马人都不穿裤子。而斯基泰人的装束就地取材,剪裁得当,非常适宜在草原穿着。一方面,不同种类的皮革和毛皮被巧妙地缝合在一起,从而能让马上生活舒适,许多五颜六色的装饰品和贴花则使衣装品种多,花样全,除此,衬里还饰以黄金和珍珠;另一方面,裤子结合短上衣以及披肩,能满足所有要求,可以使皮肤免遭酷热侵害,能让身体自由活动。因此,斯基泰人不光讲究穿着舒适,也讲究衣着优雅。

不过,这套装束不见得会让身处农耕世界的人喜欢。罗马诗人奥维德,在被罗马皇帝流放到黑海港口城市托米(今罗马尼亚康斯坦察)之后,和斯基泰人有过接触。他曾以厌恶的口吻写道:"他们身着皮裘和缝制的裤子来御寒,他们身上唯一能看到的部位就是他们的脸。"[1]在罗马人的眼中,皮革产生的气味强烈,久不清洁,会让人非常讨厌。

我们对黑海北岸女人的装束要比男人的了解得少。因为坟墓里保存纺织品、毛毡、皮革的条件通常很差,只有尸骨上的颜色痕迹和残存的针能说明死者最初穿着的衣服颜色。不过,丰富的金饰可以帮助我们了解当时贵族妇女的着装,因为这些金饰通常被用来装饰袖子、上衣、镶边甚至鞋子,借助这些饰品,可以辨别不同衣服的外部轮廓。根据这些金饰,我们得知斯基泰人上层社会妇女一般都穿长袍(见图1－4[2]),至少在某些仪式上穿。这种长袍,很有可能是一种外套,它下摆带有镶边,长而宽松下垂。坟墓葬品显示,在长袍下还配有鞋子或带

〔1〕Renate Rolle, *The World of the Scythians*, p.58.

〔2〕*Renate Rolle*, *The World of the Scythians*, p.60.

·欧·亚·历·史·文·化·文·库·

有金饰品的短靴,头上则带着精美的头饰。这头饰有时是长的紫色面纱的王冠,有时是一个紧身帽,有时则是 30 厘米高的镀金器物。斯基泰妇女之所以在坟墓里陪葬许多不同的头饰,很有可能是为了便于在来世不同的仪式上佩戴不同的头饰。

图 1-4　斯基泰人上层社会妇女服饰

　　除了头饰,她们还有相当数量的珠宝。通常,她们会在手指上戴不同形状的戒指,有时是 10 个,有时则更多。在手腕上,她们则佩戴手镯。这手镯是由不同种类的珍珠和其他材料制成的。此外,她们还有金项链、耳环和其他珠宝。遗憾的是,我们目前尚不知道她们的头型。

　　她们不光依赖自然制品,还用人工制品来装扮自己,这可以从残存物品中多彩的构成以及化妆品看出。一般在死者头部会有精美的瓶子和小碗,里面盛有香水和油膏。青铜镜,在陪葬品丰富的妇女墓中经常见(在男性坟墓中也发现过),它毫无疑问地处于被擦亮的状态,可能会在暖和摇曳的灯光下映照出精心打扮妇女的理想的容颜。

2 南俄与斯基提亚

斯基泰人生活的南俄地区,在古希腊罗马时期被地中海作家称为斯基提亚。从现代政治和地理学观点出发,古代斯基提亚地区大致对应为今天乌克兰中南部这一区域,亦即乌克兰的森林草原及草原地带。因此,本章将先简述一下南俄的自然地理与历史地理概况,让大家明晰这片土地的历史地理与战略价值。接着探讨一下斯基泰人活跃时期的南俄,即斯基提亚的历史人文地理。

2.1 南俄:历史的"地理枢纽"和"有居民的荒野"

按照自然地理标准,现今乌克兰从北往南主要分为三个地理带,即森林地带、森林草原地带和草原地带。利沃夫(Lvov)——弗拉基米尔·沃伦斯基(Vladimir · Volynsky)——基辅——切尔尼戈夫(Chernigov)一线西北是广袤的森林带。从此往南到捷尔诺波尔(Ternopol)——文尼察(Vinnitsa)——切尔卡瑟(Cherkassy)——波尔塔瓦(Poltava)这条线之间,是狭长的森林草原地带[1]。从这条线往南,直至黑海,则是略有起伏的茫茫草原。这种自然地理带基本上呈水平模式东西伸展,且不时被自北往南的众多河流纵切打断。这些河流中,最大的是德涅斯特河、布格河、第聂伯河和顿河。它们皆发源于瓦尔代丘陵众多的湖泊和沼泽,流经乌克兰平原,最后注入黑海和亚速海。它们以及众多支流构成了乌克兰土地上的水系脉络,制造了众多气候、地理独特的小环境。从自然气候来看,乌克兰地区除克里米亚半岛南部

---

[1]森林草原带,具有森林向草原过渡的性质,在景观上表现出大片的森林和广阔的草原地段相互更替,或森林零星的散落在草原中。

·欧·亚·历·史·文·化·文·库·

为地中海气候外,大部分地区为温带大陆性气候,气候虽不如西欧温暖湿润,但较亚洲内陆已算良好。总体上来说乌克兰地区的自然地理和气候使其大河谷地及北部的森林草原地带,农业生产条件较好,草原地区则因气候湿润,又有河流浇灌之利,牧草茂盛,畜牧条件优良。

而放眼整个欧亚大陆,你会发现,乌克兰与欧亚大陆自西向东绵延的草原地带紧密衔接,弥合无间,可以说它只是其中的一部分。它东面经由伏尔加河下游草原及里海沿岸低地与广袤的亚洲草原相连,本身亦即从多瑙河到顿河间的弧形草原地带,则形似亚洲大陆插入欧洲大陆的一个楔子。其草原就地貌、植被、气候而言,与东面濒临的亚洲大草原几乎没什么太大差别。对此,克柳切夫斯基曾有过生动而准确的描述。他说,自古以来,当游牧的亚洲人赶着篷车、驱赶着牲畜在南俄游牧的时候,他们似乎很少感到自己已经到了欧洲。他们在伏尔加河和德涅斯特河之间的广阔田野上,在顿河两岸,和在中亚细亚的草原上一样,往往会生活数百年。[1] 因此这种地理上的临近、自然环境的相似,使得乌克兰地区在历史上不断承受游牧民族对欧洲军事攻击的主要压力。而游牧民族则不断从东方的亚洲草原周期性涌出,穿越顿河和德涅斯特河之间宽阔的走廊地带,骑马劫掠,征服其他地区的定居农业居民,成为一个又一个地区五花八门的主人,其中较为著名的游牧民族有匈人、阿瓦尔人、保加尔人、可萨人(Khazars)、佩彻涅格人(Petchenegs)、库蛮人(Curmans)以及历史上最为强悍的蒙古人。

西面,南俄草原被喀尔巴阡山脉和多瑙河上的铁门峡谷所打断,但接着短暂延伸到匈牙利草原。历史上经过南俄草原西迁的游牧民族,一般会进占匈牙利草原,尔后侵扰四邻。但由于匈牙利草原面积较小,承载牲畜的能力有限,有时西迁的游牧民族或因战败或因草场承载量较小,经常东撤至南俄草原以便畜群就食,历史上的匈人、阿瓦尔

---

〔1〕瓦·奥·克柳切夫斯基:《俄国史教程》(第1卷),张草纫、浦允南译,商务印书馆1992年版,第40页。

人以及后世的蒙古人都曾如此。[1]

同时,因西北山林连接东欧的森林地带以及波罗的海,欧洲历史上一些蛮族群体也曾沿着水道河流东迁到南俄,如日耳曼族系的巴斯塔奈伊人(Bastarnae)、哥特人(Goths)、凯尔特人(Celts),以及后世对罗斯形成起主导作用的北欧海盗瓦兰亚吉人。他们的这种回撤东迁,对历史上南俄的族群活动及历史进程也起了很大作用。

越过顿河,东南经高加索山脉的克卢霍里(Klukhor)、马米桑—阿拉吉尔(Mamison-Alagir)、达里亚尔(Daryal)及打耳班(Derbent,又译成杰尔宾特)等隘口,南俄草原与古代西亚地区也不断发生各种形式的联系,人员南去北来,沟通有无。历史上,西亚的文明在某种程度上也如涓涓细流缓慢地滋养着生活在古代乌克兰地区的人群。

南俄虽连接欧亚,在整个欧亚大陆上处于一种中心和十字路口的地位,但黑海在其历史上的作用也不容忽视。黑海虽偏居一隅,远在航道的末端,形似一个内陆海,但毕竟通过黑海海峡可与地中海连接。历史上,生活在地中海的人群如古希腊人、拜占庭人经常穿过黑海海峡,进入黑海,寻觅资源,与当地人群沟通有无,其中南俄的谷物、皮毛和渔业资源都是非常具有吸引力的。这些地中海人群为寻觅资源而来,但同时也输入了地中海文明的诸多元素。这些地中海的元素与来自亚洲的草原元素、近东的西亚元素,构成了南俄草原古代人群生活的底色。

总之,这是地理方位上的南俄草原,因为地缘关系,它连接欧亚,沟通两海(黑海和波罗的海)。历史上许多民族或迁移至此生活,或借此过境迁徙,对亚欧大陆的历史产生了重大的影响。正是因为看到这一点,麦金德认为,在新航路开辟之前,乌克兰地区及其他俄罗斯内陆是"历史的地理枢纽"[2]。然而,它仍是一种所谓的"有居民的荒野",位于文明的边缘地带。在这里活跃的多是蛮族和来自亚洲的游牧民族,

---

[1]丹尼斯·塞诺:《内亚史上的马与草场》,载《内亚研究文选》,北京大学历史系民族史教研室译,中华书局 2006 年版,第 104 - 119 页。

[2]麦金德:《历史的地理枢纽》,林尔蔚、陈江译,商务印书馆 1985 年版,第 44 - 63 页。

·欧·亚·历·史·文·化·文·库·

他们虽然喧嚣扰攘,但仍处在历史舞台的中心以外,素不为人关注。但同时它们却是欧洲古代历史实实在在的组成部分,正是在这种意义上,自古以来活跃在南俄的族群与地中海世界的交往也称得上是"内陆欧洲和地中海欧洲的对抗,是部落和城邦的对抗,野蛮人和文明人的对抗,原始经济和货币的对抗"[1] 其中,斯基泰人可谓是最早展开这种交往与对抗局面的人群。

2.2 斯基提亚
——南俄"斯基泰时期"的历史地理

上古斯基泰人生活的地域,希罗多德称之为斯基提亚。其地理范围,根据希罗多德所说,大致为:西接多瑙河,东至顿河,南滨黑海和亚速海。[2] 然而,根据其他古典作家的记载和后来的考古发掘来判断,斯基泰人活动的主要场所虽是多瑙河和顿河之间的南俄草原地区,但其活动范围似乎并不仅仅局限于这一地区。在其历史的某一阶段,它的边界远超这条线,东南的高加索,西边的多布罗加也不时囊括在内(见图 2 – 1[3])。

希罗多德没有说斯基泰人的内地界线亦即北部边界具体位于何处,只是说斯基泰人在内陆和阿伽杜尔索伊人、涅乌里司人、昂多罗帕哥伊人、美兰克拉伊诺伊人为邻。现如今,斯基提亚的北部边界依然没有明确,学者对此有不同意见。第一种意见认为,北部边界粗略地和现今的基辅这条地理分界线重合;而按照第二种观点,它南移 200 公里左右,走向大约和一条现今依然非常重要的地理分界线重合,而这条分界线位于南方的稀树草原和北方的森林草原之间。[4] 显然,学者的分

---

〔1〕费尔南·布罗代尔:《法兰西的特性:人与物》(上),顾良、张泽乾译,商务印书馆 1997 年版,第 41 页。

〔2〕希罗多德:《历史》,王以铸译,第 284 – 287 页。

〔3〕Sulimirski T,"The Scyths",*The Cambridge History of Iran*(《剑桥伊朗史》),V. 2,Cambridge University Press,p. 151.

〔4〕Renate Rolle,*The World of the Scythians*,p. 11.

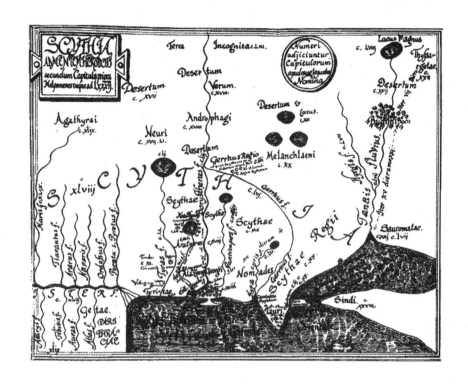

图 2 - 1　明斯(E.H.Minns)绘制的希罗多德心目中的斯基提亚地图

歧主要在于将斯基泰人的北部边界确定为森林,还是森林草原地带。之所以出现如此难定的情况,在笔者看来,是因为乌克兰北部地形起伏比较均匀,没有东西横贯的山脉和东西流向的河流,加上草原与森林草原地带的分野涣漫不清,故未能形成自然地貌依据的界线。事实上,也许斯基泰人与这些族群的边界大致是沿着草原和森林草原的过渡地带分布。只不过,这种边界是模糊的,游移不定,具体状况是斯基泰游牧族群实际控制的范围有多远,其边界延伸就有多远。当然,这个边界显然范围有限,因为斯基泰人对这些族群以外的领土往往不了解。在他们眼中,这些族群之外的领土,不是荒漠,就是沼泽,反正是无人居住的荒野。

黑海构成了斯基泰的南方边界,古代的地理学家将之形容为一张拉拽的斯基泰弓。这张"弓"的两个顶端就是两侧的海峡,即西方的"色雷斯的博斯普鲁斯"(今博斯普鲁斯海峡)和东方的"辛梅里安的博

·欧·亚·历·史·文·化·文·库·

斯普鲁斯"（今刻赤海峡）。

以上就是斯基提亚的四方边界。应该说,在这片区域内,斯基泰人主要和北方的森林草原诸部以及南方的希腊殖民者同处在一个资源区里,互相交往。

而在斯基泰时代大部分时间里,南俄的气候属于亚大西洋气候期,远较乌克兰的气候湿润。草原的北部界线比如今的界线要偏南。那一时代的地名和聚落食物垃圾中出土的动物骨骼,显示海狸当时可以生活在第聂伯河和布格河下游谷地,而这些动物如今生活的最南地点是基辅以北的捷捷列夫（Teterev）。麋鹿的骨骼在乌克兰南部一系列史前聚落里经常被发现,甚至还曾出现在古代希腊殖民城邦奥尔比亚的废墟中。而目前,这类动物生活的最南地区是在普里皮亚特沼泽的森林地带,在奥尔比亚以北约 500 公里。这些动物的生活习性及与自然地理环境的关系都毫无疑问地说明,在斯基泰时代,斯基提亚的气候环境,比现今温暖湿润,草原范围因为森林草原地带的逼近远不如今天大。不仅如此,受益于良好的气候,当时草原上,牧草茂盛优良,牧人得以蓄养大量马牛,而当时第聂伯河下游灌溉条件良好的地区还密布着森林。沿海地带和森林草原地带农业生产的条件也非常优越[1]总之,当此风调雨顺之际,湿度适中且拥有各种肥沃黑土资源的北部森林草原地区则相应发展了农业和园艺业;沿海地区,则广布着古希腊人的殖民城邦和贸易商站,他们与地中海来往密切,贸易频繁,与地中海世界联系不辍。而斯基泰人则正好处于森林草原和沿海之间,地理条件得天独厚,一方面他们依靠武力让森林草原成为自己的谷仓,获取了源源不断的农业资源;另一方面,他们又以此与沿海的希腊殖民地互相交换,以己之有易己之无,获取了大量的奢侈品。可以说,在这种交往模式中,斯基泰人的内部构造和历史发生了很大变化。

---

[1]Sulimirski T, "The Scyths", in *The Cambridge History of Iran*, Vol. 2, Cambridge: Cambridge University Press, 1985, p. 150.

3 斯基泰人历史概览

作为一支游牧民族,从出现伊始,斯基泰人即处在迁徙游牧过程中,四处播迁。从北高加索草原到地中海东岸,从顿河流域到巴尔干半岛,无不留下了他们的足迹。在长期流迁的路上,在与各地民族碰撞融合的过程中,斯基泰人自身也不断吐故纳新,其势力增减不定,部众聚散无常。

本文拟根据文献资料、考古成果,对播迁中的斯基泰人与诸多外部民族交往过程中自身的历史做一简单梳理。

3.1 起源

关于斯基泰人的起源,今人所知的最早记述,主要来自希罗多德的记载。在《历史》一书中,他提到了 4 个斯基泰人起源的版本。前 2 个版本分别在斯基泰人和黑海北岸希腊人中间流传。他们或认为斯基泰人系斯基泰"神王"塔尔吉塔欧斯之后代,或认为是希腊英雄赫拉克勒斯之苗裔。[1] 这两个传说某种程度上暗示斯基泰人为黑海北岸土著,然神话色彩太浓,希罗多德自己也不信。第 3 个版本,是希罗多德转述古希腊普洛孔涅索斯城的阿利司铁阿斯之叙事诗《阿里玛斯波伊》里的内容。它描绘了亚洲草原上诸民族相互斗争之后所出现的多米诺骨牌那一幕:最东端的阿里玛斯波伊人驱逐其西邻伊赛多涅斯人,而伊赛多涅斯人则又向西进逼斯基泰人;重压之下,斯基泰人侵入黑海北岸,迫使当地的辛梅里安人流亡他乡。第 4 个版本,希罗多德认为最可信,情节也更为真实,即先前居住在亚洲以游牧为生的斯基泰

---

〔1〕希罗多德:《历史》,王以铸译,第 267 – 269 页。

欧·亚·历·史·文·化·文·库·

人,因与马萨格泰人作战失利,被迫渡过阿拉克塞斯河侵入辛梅里安人的土地,辛梅里安人在自相残杀之后沿高加索的黑海沿岸逃亡近东。[1] 应该说第 3 和第 4 个版本或许体现了某种真实的历史场景,具有一定的合理性。

近代以来,考古学家依据源源不断的考古资料,依托希罗多德记述的斯基泰人起源版本,尝试解释斯基泰人的起源,产生了诸多说法。然而,其间分歧很多,不易达成共识。学者在斯基泰人究竟系南俄土著,还是外来民族这个问题上长期争论不休。对此,学术界虽提出了很多设想,但都缺乏坚实的证据。不过,大多数学者坚持认为斯基泰人为外迁民族,只是在迁徙的起源地和迁徙动因等问题上争议甚是激烈。[2] 这些问题,我国学者也曾涉猎过。杨宽等据《史记·秦本纪》、《诗经·小雅·采薇》等汉文史料,认为是周宣王征西戎间接导致了斯基泰人的西迁。[3]

3.2　驻马北高加索与劫掠西亚:
早期斯基泰时代
(公元前 7 世纪到前 6 世纪中叶)

3.2.1　驻马北高加索

自公元前 7 世纪起,斯基泰人的历史脉络逐渐清晰起来。当时,斯基泰人大约已从伏尔加河以东草原迁到北高加索和黑海北岸地区。在北高加索,克拉斯诺伊兹纳姆亚农庄(Krasnoe Znamya)、斯滕诺耶农庄(Stenoi)、诺沃扎耶诺耶(Novozaedennoe)和纳尔坦村(Nartan)及位于斯塔夫罗波尔市(Stavropol)附近的古冢有力地证明了斯基泰人于公元前 7 世纪上半叶已经出现在北高加索中央地带。而在黑海北岸草

---

〔1〕希罗多德:《历史》,王以铸译,第 268 – 271 页。

〔2〕关于国外学者在斯基泰人起源问题上的论争,可参阅拙文:《关于斯基泰文化起源的思考》,载《历史教学问题》,2011 年第 1 期。

〔3〕杨宽:《西周史》,上海人民出版社 1999 年版,第 569 – 572 页。

原,基洛夫格勒附近的梅尔古诺夫(Melgunov)和卡利特瓦河畔(Kalit-va)的基瑞夫斯基库尔干(Krivorozhskii)也表明,斯基泰人已经渗透到第聂伯河中游右岸南缘外围的森林草原地带以及左岸森林草原的台地上。

不过,由于欧亚草原公元前1千纪早期开始的干热气候并未结束,此时黑海北岸和克里米亚草原的生活条件非常恶劣。这一时期,斯基泰人在黑海北岸地区活动较少,即使有,也多集中在森林草原地带。相反,北高加索地区尤其是库班河草原以及斯塔夫罗波尔地区则因临近大高加索山脉,河流众多,具有优良的阿尔卑斯型高山牧场和森林草原,气候相对凉爽,成为斯基泰人的中心地带。可能正因如此,目前黑海北岸发掘的库尔干中,仅有27座斯基泰人库尔干属于公元前7世纪中叶到公元前6世纪之间,而在北高加索则有106处斯基泰人遗址,且在坟墓装饰豪华程度、陪葬品的内容数量上远胜黑海北岸草原。某些西方古典文献也暗示早期斯基泰人的中心在北高加索,而不是如希罗多德所说的那样,仅仅在东到顿河、西至多瑙河的草原上。例如,狄奥多罗斯就曾提到斯基泰人"居住在阿拉克赛斯河畔,人数很少,没有名声,遭人轻视",因早期诸王能征善战,在古时他们业已"夺取了领土,在山脉方面,在草原上沿着海洋和麦奥提斯湖延伸,其余领土远至塔纳伊斯河"[1],亦即北高加索的广大地区。

受当时的干热气候影响,也得益于畜牧技术的进步,斯基泰人的生产方式与战斗方式出现了划时代的变革。它一改以前的定居或半定居的畜牧业生产方式,转而从事游牧型畜牧业,大量养马,在马鞍、马衔[2]等新型工具的支持下,骑马技术日臻成熟。骑马技术成熟的同时,射箭技术也不断完善,斯基泰人当时发明了西格玛(Σ)类型的复合弓。这种复合弓尺寸不大,但比近东的弓形弓威力大,且与其相配的带插口的三棱青铜箭镞极易生产。因此,得心应手的武器装备,天长日久

---

〔1〕Diodorus, *The Library of History*(《历史丛书》), Vol. Ⅱ, Loeb Classical Library, Harvard University Press, 1935, p. 43.

〔2〕当时尚未出现马镫。

的骑马生活,使得斯基泰人为代表的欧亚游牧民首先掌握了在骑马姿势下射箭的本领,战术也为之一新。当时,斯基泰的大队人马可以在策马疾驰的过程中,不待接敌,便集群射箭。

"纯正的游牧人群便是穷苦的游牧人群。"在气候干热的大环境下,为争夺农牧资源,弓马娴熟的斯基泰人经常掳掠四邻,征服了当地土著的科班(Koban)和麦奥提(Maeot)等农业部落,并向其征收贡赋,且与他们共享当地多样化的生态环境,利用北高加索山脉的垂直落差和多样化的植被环境,如山脚草原和高山牧场,全年放牧。因正处于氏族制解体前夜,也受限于北高加索支离破碎的地形,斯基泰人群在社会发展程度上步调不一,政治组织分散,并没有形成大型的部落联盟。

3.2.2 劫掠西亚

在这种劫掠盛行的尚武氛围中,许多斯基泰首领携其亲兵,经由大高加索的山口,不断进入南方文明的西亚世界。在古典作家尤其是希罗多德笔下,他们在西亚的征战颇为辉煌,一度也曾降服米底,称霸亚洲。据俄罗斯学者伊万奇克最近的研究,古典文献可能在斯基泰民间传说的影响下,夸大了斯基泰人在西亚的活动能量。事实上,他们还有辛梅里安人在西亚从事的活动只是劫掠,时间长短不一,劫掠完毕,辄携带战利品返回北高加索。他们的行为虽只是劫掠,但在世界历史具有重要的里程碑意义,"标志着北方草原上的游牧民进入南方古文明地区的历史时期中的第一次入侵"[1]。

其中,斯基泰一彪人马曾经达吉斯坦和打耳班进入阿塞拜疆,到达大高加索山以南的库拉河流域,占据了今阿塞拜疆占贾附近的明盖恰乌尔(Mingechaur)以及库拉河下游的木干草原(见图3-1[2])。以此为基地,他们控制四邻的小部落,经常在亚述帝国的东北边疆,也就是今天的乌尔米耶湖周围活动。然一旦置身波谲云诡的西亚,处在亚述倾颓、西亚鼎沸的当口,面对各方力量的此消彼长,斯基泰人可能情

---

〔1〕勒内·格鲁塞:《草原帝国》,蓝琪译,商务印书馆2009年版,第29页。
〔2〕Renate Rolle, *The World of the Scythians*, p.100.

不自禁地卷入到西亚各方政治势力的角逐之中。势力强大时，辄控制一些小邦，收取贡赋，掠夺资财；势力弱小之际，则充当雇佣军，供他人驱使。[1]

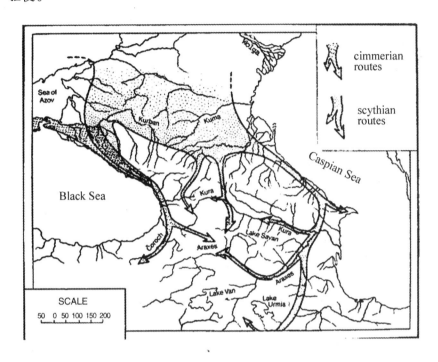

图3-1　斯基泰人入侵西亚之路线

公元前7世纪末6世纪初，斯基泰人在西亚骄奢淫逸，抢劫无度，对此希罗多德曾予以生动的记述：

　　在这期间，他们的暴虐和横傲的行为使整个地方变成一片荒野；原来，除了他们榨取加到各地人民身上的贡赋之外，他们更骑着马到各地把人们的财物掠夺一空。

为对付斯基泰人，崛起的米底人在国王库阿克撒列斯率领下巧设鸿门宴，一举歼灭大部斯基泰人。[2] 剩余的斯基泰人返回北高加索。

[1]斯基泰人在西亚的具体活动，可参阅拙作：《上古辛梅里安人、斯基泰人同西亚诸族的交往》，载《丝瓷之路：古代中外关系史研究》（第1辑），商务印书馆2011年版，第3-37页。
[2]希罗多德：《历史》，王以铸，第55页。

斯基泰人在西亚好似历史的过客,来去匆匆,但近百年的劫掠游荡,对它和西亚世界都产生了许多意想不到的影响。正是他们的到来,西亚各族的武器和战术发生了革命性的变化。以箭镞为例,当时斯基泰类型的青铜箭镞在西亚广泛传播。现今几乎在那一时代的每一个遗址都发现过这类箭镞,这说明它在当时被西亚各族广泛使用。于此,士麦那(Smyrna)是个非常有趣的例证。在公元前 600 年前后,吕底亚人围困此城期间,守城者和攻城者同时都使用了游牧类型的带青铜插口的箭镞。可以说,这类武器的革新在某种程度上加速了上古西亚政治力量的新陈代谢和政权的更新换代。然而,斯基泰人在西亚的岁月中并非一味劫掠,在其他方面也有所濡染,受益良多。政治上逐渐形成了一定的王权神授观念;生产方面接受了西亚,主要是乌拉尔图的先进冶铁技术,将铁器输入南俄草原及东欧地区;在文化上则吸收了西亚,主要是亚述艺术的创作主题和守法,并推陈出新,形成了后来闻名于世的斯基泰动物风格艺术。基于这些文化上的传播,可以说斯基泰人扮演了一种文化的载体和交流的使者。

3.3　称霸南俄:中期斯基泰时代
(公元前 6 世纪中叶到前 5 世纪下半叶)

3.3.1　从北高加索迁往南俄

亚述覆亡之后,米底与新巴比伦王国分地而治,西亚局势日趋稳定。崛起的米底不啻从哈勒斯河到伊朗高原筑起一道屏障,断绝了斯基泰人再度前往西亚劫掠的企图。不久,波斯称雄西亚,其王居鲁士和大流士不断征伐马萨格泰人、萨迦人,征服了锡尔河以南的许多游牧部落,其影响在高加索地区也已抵大高加索山南麓,希罗多德在介绍波斯行省的时候曾提到"奉献礼物的还有科尔启斯人和他们那直到高加索山脉的邻人(波斯人的统治便到这里为止,高加索山脉以北的地区便不再臣属于波斯人)"[1]。对此,生活在大高加索山脉以北的斯基泰人想必应该有所闻知,感受真切。

受此影响,加上当时黑海北岸气候从干热转为凉爽湿润,牧草茂盛,畜牧条件优良等原因,从公元前6世纪初开始,在趋利避害之本能的驱使下,斯基泰人从北高加索逐渐迁往顿河以西的黑海北岸草原。这一时期,因为北高加索斯基泰人及其他东方游牧族群的到来,黑海北岸地区形势一度混乱,原有土著人群的生活秩序遭到很大冲击。当时,部落人群在黑海北岸草原上的长距离迁徙活动增多,希腊城邦和森林草原地带的村落经受间歇性攻击,其中某些还因而消失。凡此种种都说明北高加索的斯基泰人正往黑海北岸草原渗透,但这种渗透并不是以和平方式进行的。为了争夺草场和其他资源,他们和当地原有的游牧人群及森林草原、河谷地带的农业部落发生了激烈的冲突。

3.3.2　击败大流士

黑海北岸的混乱局面,到公元前514或公元前512年暂时中止。当时黑海北岸的族群共同面临着波斯皇帝大流士的入侵。大流士之所以入侵黑海北岸,主要是为了防止斯基泰人干涉波斯侵入希腊,保护波斯军队侧翼的安全,也有可能是希望把黑海周边地区的所有人群都囊括在波斯的版图之内。

为此,大流士在远征之前不断制造事端,与斯基泰人发生了许多故事。大流士曾派遣卡帕多西亚总督阿里亚姆涅斯(Ariaramners)前往斯基提亚,让其伺机窥探斯基泰人的状况。结果,阿里亚姆涅斯不负所望,俘房了斯基泰国王斯库萨庇斯(Skytharbes)当时因罪下狱的兄弟玛萨盖提斯(Marsagetes)。此举激怒了斯基泰国王,为此他曾致信大流士,侮辱后者,大流士也以同样方式回敬。此外,大流士还曾向斯基泰国王伊丹图尔索斯提出迎娶后者女儿的无理要求。这些故事说明大流士一直试图以各种方式试探斯基泰人。

在攻下巴比伦之后,大流士借口报复当年斯基泰人入侵米底一

---

〔1〕希罗多德:《历史》,王以铸译,第239页。

事,正式出征斯基泰人。为此,他征集70万大军(据克特西亚斯说有80万),600艘战船,经由今博斯普鲁斯海峡、黑海西岸,越过多瑙河上所架舟桥进入斯基提亚。行军途中,他征服了一些色雷斯部落,包括所谓色雷斯人当中最勇敢,也最公正守法的盖塔伊人。

面对来势汹汹的敌人,斯基泰人曾向周邻诸族求援,但遭阿伽杜尔索伊人、涅乌里司人、昂多罗帕哥伊人、美兰克拉伊诺伊人、陶里人拒绝,只有盖洛诺斯人、布迪诺伊人、撒乌罗玛泰伊人同意出兵援助斯基泰人。鉴于敌强我弱,且己方援兵不足的态势,斯基泰人决定避免与波斯军队决战,采取游击战的策略与之周旋。于是,斯基泰人疏散老幼妇孺,填塞水井和泉水,抛荒草原,诱敌深入。而战况也的确如斯基泰人设想的那样。按照希罗多德的描述,为了追逐斯基泰人,大流士率军深入敌境,穿越了黑海北岸辽阔的草原,渡过顿河,进入撒乌罗玛泰伊人和布迪诺伊人的土地,烧毁了布迪诺伊人的木造城市,且在汇入麦奥提斯湖(今亚速海)的欧阿罗司河(Oarus)畔修筑了8个要塞。当此之时,斯基泰人折回本土;大流士不待工事完工,掉头追击。他们如此一追一逃,搅乱了黑海北岸的所有族群。最终马背民族突出的机动能力显然更胜一筹;大流士及其军队饱受折磨,疲惫不堪,最后无奈撤出了黑海北岸草原。

大流士远征斯基泰人结束了,但斯基泰人与波斯的恩怨情仇并未了结。因为波斯将军美伽巴佐斯(Megabazus)仍率大军在色雷斯地区攻城略地,波斯对斯基泰人的威胁依旧没有解除。公元前486年,为防止波斯卷土重来,斯基泰人出征色雷斯,兵锋直抵色雷斯的科尔松涅斯(Chersonese,今土耳其达达尼尔海峡西端欧洲一侧的盖利博卢半岛)。与此前后,斯基泰人还曾派使者与斯巴达结盟,相约共同出兵,征讨波斯。据说按照约定,斯基泰人从法息斯河进军,斯巴达从以弗所兵发安纳托利亚,而后双方会师,只是不知后来为何不了了之。

此后,斯基泰人声名远播,其战胜大流士一事据说很快就被编排成戏剧在希腊上演,其不可战胜的美誉遂广为人知。对此,希罗多德曾颇为欣赏地给予好评,称:

他们不以农耕为生,而是以畜牧为生的。他们的家就在车上,这样的人怎么能不是所向无敌和难于与之交手呢?[1]

3.3.3 大斯基提亚(Great Scythia)的出现与称霸南俄

如果说斯基泰人在希腊人那里所获的"名声"可视为斯基泰人崛起的一种外在表现,那么斯基泰人内在政治组织的发育,则是这场战争的内在反映。在大流士入侵之后,战时与斯基泰人结盟的布迪诺伊人、撒乌罗玛泰伊人再次独立。但是通过这场战争,斯基泰人内部凝聚力加强,族群自我意识增长。也许正因如此,斯基泰人在黑海北岸树立了霸权,现今史学家所称的"大斯基提亚"的游牧强国兴起,其部落分布格局也大体形成,斯基泰人的控制范围及影响力始为希腊人所知。在以后几十年里,斯基泰人的部落构成变化不大,希罗多德在奥尔比亚从斯基泰代理人和当地希腊人那里所了解的斯基泰部落状况,与在公元前6世纪末斯基泰人的部落状态大致相差无几。

大斯基提亚主要由王族斯基泰人、游牧斯基泰人、卡里披达伊人、阿拉佐涅斯人、农耕斯基泰人和农民斯基泰人等部落组成。这是一个由征服形成的政治人群,其所属各部从族属、生产生活方式等方面来说千差万别,各有特色。就其族属而言,王族斯基泰人和游牧斯基泰人属伊朗语族,而其他各部则不同程度上混融着色雷斯血统与伊朗血统人群,族属背景复杂。在经济上农牧分立,王族斯基泰人和游牧斯基泰人专行游牧,生活在第聂伯河以东的草原上;而其他诸部则生活在第聂伯河西岸及其他河谷地带,以农为主,兼事畜牧。各部在族属、生产生活方式上虽千差万别,但处于统治地位的王族斯基泰人在政治上利用英雄祖先与弟兄民族的史诗神话,构筑一个完整的谱系,力图以族群起源的神话将各部人群,尤其是政治上处于统治地位的游牧部落之历史虚构成同源同流的兄弟部落,以便将自己的统治合法化。借助这种政治上的统治地位,斯基泰人的语言和文化,或许某种程度上也在卡里披达伊人、阿拉佐涅斯人等依附部落中传播。

---

[1] 希罗多德:《历史》,王以铸译,第284页。

从内部来说,这是一个由征服形成的人群集团,社会分层尚不明显。当时的社会关系更多的是征服部落与依附部落之间的关系。依附部落需向王族斯基泰人缴纳象征性的贡赋,而其传统的社会秩序、生产生活未受很大干扰。但即使如此,这个部落联盟成立及维系的目的仍是确定敌我,划定自己独享的资源范围。因此,在对外关系上,斯基泰人也不断劫掠邻近森林草原诸部,进一步开拓农牧资源的空间。希罗多德曾描述过斯基泰人浓厚的尚武习气,在某种程度上就是这种对外劫掠下一种社会风气的表达。在多瑙河一线,他们还曾一度渡河,侵入特兰西瓦尼亚、匈牙利平原和色雷斯地区,但囿于公元前480年巴尔干地区出现了一个强大的奥德里西亚王国,只得作罢。

对斯基泰人来说,最重要的交往对象无疑是黑海北岸的希腊殖民城邦。它们的前身大多是希腊人在公元前7世纪建立的临时商站,起货物中转之功效,但在与内陆诸部发展贸易的过程中逐渐成长起来。到公元前6世纪,随着小亚爱奥尼亚地区希腊人群的殖民浪潮,大股人群涌入,遂成城邦。在与第聂伯河以西周边部落以及北方的森林草原诸部,甚至是与远至中亚诸部的长期贸易过程中集聚了大量财富。因此,斯基泰人在击退大流士之后,开始对沿岸的希腊城邦施压。很快,希腊城邦中奥尔比亚(Olbia)接受了斯基泰人的保护,而刻赤海峡两岸的希腊城邦则为了抵御斯基泰人成立了博斯普鲁斯王国(Bosporan Kingdom)。正因如此,在这一时代,斯基泰人主要与奥尔比亚保持了密切的关系。奥尔比亚向斯基泰人缴纳贡赋,为其提供大量自己生产的金银制品、陶器、武器和青铜器,且从地中海和黑海其他希腊城邦输入自己不能生产的商品,如葡萄酒、橄榄油和绘有瓶画的黑釉陶器,来供应斯基泰人。而斯基泰人一方面为确保奥尔比亚安全,为其提供了大量从臣属部落征收的谷物、皮革、畜产品以及从邻人那里掳掠的奴隶和从过路贸易征收来的皮毛和贵金属,一方面允许其与周边斯基泰人治下的农业部落发展近程贸易,与森林草原地区的农业部落发展中程贸易,还与其一道沿草原毛皮之路与东方诸族开展远程贸易。

3.4 大斯基提亚的辉煌:晚期斯基泰时代
（公元前 5 世纪下半叶到前 3 世纪上半叶）

这是斯基泰历史的一个黄金时代,斯基泰人的经济、政治、社会和文化都获得极大发展。

3.4.1 辉煌

公元前 5 世纪后期,撒乌罗马泰伊人渐次渡过顿河,侵蚀斯基泰人在第聂伯河以东的草原。迫于形势,斯基泰人逐渐收缩阵线,往第聂伯河下游及克里米亚迁移。

地域的缩小,气候的好转,促使许多游牧的斯基泰人转入农业、渔业等辅助行业,并从事手工业生产。与此相应,这些牧民也开始集中定居。于是,前所未有的村落开始出现在斯基泰人的土地上。它们大都临河靠水,散布在第聂伯河等大河谷地及一些小的草原溪流两岸,甚至在先前的一些游牧冬营地上也有村落分布。在村落的发展过程中,有些村落可能因为地理位置优越等诸多因素脱颖而出,发展成为颇具规模的城镇。其中,位于第聂伯河下游尼科波尔南岸的卡曼卡古城是当时斯基泰人最大的城镇。它城防坚固,占地 12 平方公里,面积较大,内有王公贵族生活的卫城和冶铁及其他手工作坊,所产金属制品可供应广大地区的草原牧民。显然,它很有可能是公元前 4 世纪和前 3 世纪上半叶斯基泰人的政治、经济和贸易中心。

而库尔干型坟墓在第聂伯河下游尼科波尔和扎波罗热(Zaporozhe)地区的密集出现,也反映在公元前 5 世纪末,尤其是在公元前 4 或前 3 世纪,斯基泰人的传统牧业发生较大改观,由游牧变为半游动的畜牧生产方式,即游牧路线已经相对固定。

与此同时,斯基泰人加快征服森林草原地区的步伐,森林草原上的居民由此不断向游牧民屈服。这一时期,森林草原上人烟稀疏,聚落数目减少,剩下的可能都是合并后的聚落,且已设防,这与第聂伯河下游人口稠密、村庄密集的景况形成鲜明的对比。同时,森林草原地带的

·欧·亚·历·史·文·化·文·库·

居民尤其是第聂伯河中游右岸地区的居民,生活水准明显下降。属于这一时期的森林草原上的库尔干中,装设与陪葬品和先前相比简陋寒酸,还有森林草原地带的希腊输入品在公元前 4 世纪显著减少。这些都说明斯基泰人加强了对森林草原地区的控制,从中搜刮掠夺了大批物资。

得益于对森林草原地区人群的劫掠和对治下农业人群的剥削,斯基泰人掌握了丰富的谷物资源,以此与希腊殖民城邦贸易,获得了大量葡萄酒、武器、马具、黄金饰品以及各类陶器等各类奢侈品和日常生活用品。而当时以雅典为首的本土希腊城邦,在伯罗奔尼撒战争后期及战后,非常依赖黑海地区,尤其是黑海北岸的谷物。为此,黑海北岸的希腊殖民城邦一方面扩大耕种面积,增加产量,一方面向斯基泰人加大了购买力度。这一时期,取代奥尔比亚、主导斯基泰外部贸易的博斯普鲁斯王国向雅典输送了大量谷物,据德摩斯梯尼(Demosthenes)记载每年大约有 400 000 墨狄姆诺斯(Medimnus,约 16 000 吨)之巨,其中有相当一部分应来自斯基泰人之手。除了谷物,斯基泰人还向希腊人提供皮革、畜产品、皮毛和贵金属等农牧产品以及会说话的工具——奴隶。其中,奴隶所占比重不小,他们主要经由罗得岛行销地中海各处。在当时地中海希腊作家的著作中,或是巴尔干希腊各城邦的铭文里,都层提到过来自斯基提亚的奴隶[1],而黑海北岸各希腊城邦从斯基泰人手中购买的战俘奴隶无疑数量更多。

因与希腊人贸易获取了可观的回报,更兼许多牧民长期从事农业,定居日久,斯基泰人中间贫富分化加剧,许多社会阶层由此出现。奴隶仍然存在,但并未在生产中被大规模使用,它作为一种社会阶层出现主要是为了供应希腊人之需。有些斯基泰牧民则因贫困,被迫和当地土著农业部落居民构成依附阶层,社会权利被剥夺,处于依附和被盘剥的境地,不能参加战争,只能为他人放牧牲畜或从事农业生产。而来自卡曼卡城附近的遗址显示,金属冶炼工匠是这一社会的自由成

---

[1]（前）苏联科学院:《世界通史》(第 2 卷,上册),三联书店 1960 年版,第 192、577 页。

员,但要承担劳役。据琉善(Lucianus)的记载,斯基泰人中间还存在普通的非贵族的斯基泰人、贵族、王族或王族氏族以及一种明显为祭司的特殊阶层。其中,琉善称这些普通的自由斯基泰人为"拥有八条腿的人"(οκτάποδεσ),也就是拥有一对牛外加一轮四轮马车的人,他们是军人主体。贵族和普通贵族以及祭司阶层,显然处于金字塔的高层乃至顶端,依靠盘剥依附民和与希腊人开展贸易,拥有大批财富,生前生活较为优渥,死后也不忘在阴间延续前世荣耀,留下了许多装饰豪华、陪葬品丰富的库尔干。

在黑海北岸,目前所知的库尔干大约有3000座,而约2000座属于公元前4世纪。其中以位于亚历山大罗波尔(Alexandropol)、科泽尔(Kozel)、奥古兹(Oguz)和车尔托姆利克(Chertomlyk)的王族级别的库尔干最为著名。这一时期,库尔干不仅数量多,而且规模宏大,构造复杂。其高度通常在3米至21米之间不等,直径约在30米到350米之间;其内部大都是石质墓室,面积较大,墓顶呈阶梯拱状,还有地道(Dromos),可通往地下或神庙;就其陪葬品而言,则琳琅满目,非常精美,除了传统的马具、武器等陪葬器具外,还充盈着希腊艺术工匠按照斯基泰人趣味制作的金银制品和用来装葡萄酒的双耳瓶等。相比之下,普通游牧民和依附民的坟墓无论就结构还是陪葬品而言都过于寒酸简陋。

在政治组织层面,因这一时期领土缩小,人口集中,加上许多牧人转行农业,游牧民不再需要自由移动来利用分散且不稳定的牧场资源,斯基泰人很有可能在一定程度上突破了原先以部落联盟为基础、分散管理的组织形式,开始进一步集中权力,形成早期国家。同时,对普通牧民和依附农牧民的盘剥,以及与希腊人贸易所获取的经济利益,远较纯粹的游牧业所得为多,这些都刺激了斯基泰人王族和贵族集中权力,以便享受较为优越的生活;而通过把对外贸易或掠夺所得的物品层层分封,斯基泰人贵族之间可以维系这种集权体制。不仅如此,斯基泰人中的王族还利用英雄祖先崇拜和军事武力崇拜进一步强化王族权力,闻名于世的希腊—斯基泰艺术中的某些作品就反映了此

·欧·亚·历·史·文·化·文·库·

类意识形态。

3.4.2 阿提亚斯王的对外征战

因为丧失了第聂伯河以东的大片草原,加上黑海北岸草原地区人口膨胀带来的压力,斯基泰人在公元前 4 世纪下半叶对外开疆拓土,扩大生存空间的需求非常强烈。与此同时,多瑙河以南,色雷斯人的国家——奥德里西亚王国在国王科提斯(Kotys)死后一蹶不振,多瑙河地区失去藩篱,这种局势使得斯基泰人的西进较为顺利。

在国王阿提亚斯(Ateas)时期,斯基泰人在多瑙河以南地区非常活跃。在弗龙蒂努斯(Frontinus)和波利亚努斯(Polyaenus)的记述中,阿提亚斯曾在敌众我寡的情况下屡屡利用诡计转败为胜,击溃特里巴利人。在亚历山大的克雷芒笔下,阿提亚斯曾威逼利诱拜占庭,拒绝缩减其上交的贡赋税额,否则他将饮马拜占庭。庞培·特罗古斯的书中则提到了阿提亚斯和伊斯特利亚人在多瑙河三角洲角逐的经历。以上几位作家描绘的种种情形说明,斯基泰人当时在多布罗加及黑海西岸已然成为一股不容小觑的政治势力。然而,当斯基泰人进抵今保加利亚巴尔奇克以西某地时,巴尔干新贵——马其顿国王腓力二世开始不安,出兵干涉。公元前 339 年,腓力二世率军北上,在多瑙河以南巴尔干山脉以北某地与阿提亚斯相遇。在激烈的战斗中,年逾九十的阿提亚斯兵败被杀,部卒溃散。腓力二世则俘获了 20000 名妇女儿童、20000 匹优良母马和庞大的牛群。

不过,腓力二世很快撤兵,且在回撤途中遭到特里巴利人重创,未能稳固地控制多布罗加。因此,斯基泰人西进的道路依旧畅通,对马其顿人的威胁也没有完全解除。公元前 331 年,在亚历山大东征之际,留守后方的色雷斯总督泽皮利昂(Zepyrion 或 Zopyrion)曾率 3 万大军渡过多瑙河,远征斯基提亚,围攻奥尔比亚。不幸的是,一场暴风雨摧毁了马其顿舰队,使得马其顿军队粮草不济,被迫撤退。途中,不敌斯基泰人和奥尔比亚希腊人的联军,全军覆灭。待到亚历山大东征大获全胜之时,斯基泰人审时度势,曾数次向亚历山大遣使示好,希望同亚历山大和亲并签订友好协定。然亚历山大显然不忘泽皮利昂身死兵败之旧事,对斯基泰人的举动默然不许。他虽曾派使节回访斯基泰人,但暗地里却命令他们侦察斯基泰人的情况,如人数、风俗习惯和使用兵器等,同时也拒绝了斯基泰人的和亲提议。这些或许表明,亚历山大可能计划在未来出兵讨伐斯基泰人,后因亚历山大英年早逝,此事不了了之。

总之,马其顿的两次征讨、亚历山大的远征在一定程度上遏制了斯基泰人的西进势头,但并没有肃清多瑙河以南多布罗加、巴尔干其他地区的斯基泰人。多瑙河以东的斯基泰人的势力也没有被真正削弱,或发生任何解体现象。卡曼卡古城规模一如既往,公元前4世纪末到前3世纪初,斯基泰贵族库尔干中的陈设和阿提亚斯时代以前的库尔干毫无二致,依旧豪华,亚历山大罗波尔、车尔托姆利克、奥尔忠尼启则附近的库尔干清楚地说明了这一点。

3.4.3 霸权终结

在公元前280年左右,一支凯尔特人—巴斯塔纳伊人(Bastarnae)从特兰西瓦尼亚出发,穿越喀尔巴阡山脉,在德涅斯特河和普鲁特河流域定居,势力直抵多瑙河三角洲。其后,巴斯塔纳伊人偕同盖塔伊人、部分斯基泰人和萨尔马特人,东进至第聂伯河,控制了第聂伯河以西地区,并可能成为草原游牧斯基泰人的霸主。而在第聂伯河以东草原,萨尔马特人,尤其是其支系罗克索兰人则不断攻略草原。

与此前后,从公元前270年左右开始,黑海北岸草原气候剧变,干燥异常,农牧业生产的环境急速恶化。受此影响,斯基泰人和希腊人在第聂伯河下游谷地的许多村落尽皆毁弃,而斯基泰人的库尔干类型的坟墓,也永久消失了。当时,黑海北岸草原一时之间空旷无人。也许正是这个原因使得狄奥多罗斯产生误解,将这一时期草原因干旱而抛荒的景象,误认为是强大的萨尔马特人将斯基泰人灭族后从而使大部分土地荒无人烟所致。

也许正是由于外敌入侵和气候干燥等天灾人祸,斯基泰人失去了南俄草原的霸主地位。

3.5　尾声

——小斯基提亚的落日余晖

3.5.1　两个小斯基提亚王国兴起

因萨尔马特人进逼,到公元前 200 年左右,斯基泰人几乎完全退出了第聂伯河以东草原。除被萨尔马特人吞并诸部外,斯基泰人余部相继退守多布罗加和克里米亚,[1]形成了两个小斯基提亚王国,从昔日草原霸主沦落成地区性邦国,斯基泰人的历史也掀开了最后一页。

多布罗加小斯基提亚,是由阿提亚斯死后留在多瑙河右岸的斯基泰人残部和此时受萨尔马特人压力而西迁的那些斯基泰人组成的。依凭三角洲地区多瑙河分股入海、沼泽密布的有利地形,他们对外得以拒敌自保,对内则不惧多瑙河下游右岸人口众多的盖塔伊人,在多布罗加这狭小的地域空间内形成局部优势,征服一些盖塔伊人,建立了一个由国王统治的独立小邦。为获取手工业产品和对外贸易港口,他们向伊斯特洛斯(Istros)和托米(Tomi)等邻近的希腊城邦先后施压,在取得保护权之后,与其建立了稳固的联系,并委托它们铸造货币。根据货币,塔弩萨斯(Tanusas)、喀尼特斯(Kanites)、阿珂罗萨斯(Akrosas)和卡哈斯佩斯(Charaspes)4 个国王名称为人所知,其年代大都处于公元前 230 年到公元前 150 年之间,在某种程度上表明这个国家为时不短,至少从公元前 3 世纪末一直延续到公元前 2 世纪后半叶。之后,因为萨尔马特人进犯和达西亚人兴起,多布罗加局势紊乱,斯基泰人动向不明。然公元前 61 年,与西塞罗同期的执政官在伊斯特洛斯附

---

〔1〕其实早在公元前 7 世纪后半叶,斯基泰人就出现在克里米亚半岛的草原上,从事游牧,且与当地土著陶里人通婚融合。到公元前 4 世纪,斯基泰在克里米亚的人数大幅增加,但除东克里米亚毗邻博斯普鲁斯王国的斯基泰人从事农业外,其他大都仍从事游牧。但在公元前 3 世纪末以前,克里米亚一直是斯基泰人的边缘地带,其人群组织、对外关系等状况,我们知之较少。从公元前 3 世纪后半叶,第聂伯河下游的斯基泰人大批迁居于此,从事农业,兼营畜牧,克里米亚开始成为斯基泰残部的中心地带,克里米亚地域上的斯基泰人历史方才清晰。参阅 Jeannine Davis-Kimball, Valdimir A. Bashilov, Leonid T. Yablonsky, *Nomads of the Eurasian Steppes in the Early Iron Age*(《早期铁器时代欧亚草原的游牧民族》), Berkeley: Zinat Press, 1995, pp. 64 – 73.

近败于斯基泰人及其盟友巴斯塔纳伊人的事情,说明当时仍有斯基泰人在多布罗加地区活动。其后,斯基泰人行踪复又模糊,但从罗马人于公元前28年开始侵入到公元46年多布罗加并入下麦西亚行省这一过程判断,多布罗加斯基提亚因地促势微、人力不足,在萨尔马特人、达西亚人和罗马人三方角逐中,声音微弱,到公元初年,其人群组织应不复存焉。

相比多布罗加小斯基提亚,克里米亚小斯基提亚因其活动频繁,更具活力,在黑海北岸及黑海区域史上作用和地位更为显著和突出,名气更大。它不仅和邻近的萨尔马特人、希腊殖民城邦关系密切,还和远方的本都王国和罗马帝国发生过纠缠不休的关系。

3.5.2 克里米亚小斯基提亚的兴衰

由于受萨尔马特人挤压,失掉黑海北岸大片草原,斯基泰人局促一隅,仅控制克里米亚和第聂伯河口及奥尔比亚周围南布格河口的小片草原,迫切需要寻觅新的耕地和牧场。于是,邻近的希腊农业领地就成了斯基泰人觊觎的对象。在公元前3世纪末2世纪初,斯基泰人开始向邻近的希腊殖民城邦主要是科尔松涅斯发动攻势,夺取了大片农田和葡萄园,攻陷了某些城镇。同时,为了获取手工业产品,寻求谷物出海口,避免希腊城邦作为中间商盘剥,他们还径直以希腊殖民城邦作为进攻对象。在这种态势下,奥尔比亚成为克里米亚小斯基提亚的保护对象,需向其缴纳重赋,一块在奥尔比亚发现的公元前200年左右的重要铭文曾记载,奥尔比亚人被迫向斯基泰国王缴纳黄金,因城邦无力承担,由普洛托格内斯(Protogenes)捐赠;不仅如此,斯基泰国王西卢鲁斯还在此铸造货币。博斯普鲁斯王国也苦于斯基泰人屡屡进犯,被迫多次向其纳贡,但也许因为实力较强,并未成为斯基泰人的主攻目标。因此坐拥良港,海外贸易发达,又近在咫尺的科尔松涅斯,就成了斯基泰人的主攻目标。面对斯基泰人的猛烈攻击,科尔松涅斯曾以加固城防、向其支付重金等方式希冀缓和斯基泰人的攻势,但无济于事,最后依靠与斯基泰人背后的草原霸主——罗克索兰人[1]不时结盟,还有公元前179年与黑海南岸本都国王法尔纳克结盟等外交策略,暂时遏制了斯基泰人的攻势。接下来几十年,两方大抵相安无事。

在军事上,斯基泰人与希腊人兵戎相见,但因置身新的自然地理环境,在生产生活等诸多方面,斯基泰人不得不以希腊人为样板,加快定居化进程,从事农业生产。从公元前3世纪末开始,许多未设防的村落如雨后春笋般出现在克里米亚西北的河湖两岸和沿海地区。这些村落往往利用附近肥沃的土地和便利的水浇条件,从事农业生产。一些设防的城镇也出现了,它们或是在原先希腊城镇基础上稍加修葺而成,或择山崖险要之地筑成,规模不大,大者4公顷,小者1公顷。在西北克里米亚,这些城镇和村落互相搭配,错落有致,在外观上体现了克里米亚斯基泰人农业地理和军事地理的格局,即既要定居从事农业生产,又要在区域范围内防卫敌人。而镶嵌在克里米亚小斯基提亚版图上的明珠则是西卢鲁斯(Scilurus)在萨尔吉河畔(Salgir)建立的都城——涅亚波利斯城(Neapolis,意为"新城",为和其他新城区别,此城现在被称为斯基泰人的涅亚波利斯)。它占地面积很大,有20公顷,是克里米亚斯基泰人的政治、经济和文化中心。在外观上,它和同期的希腊城市差别不大,都有高大的城墙、高耸的城门和市政广场等公共建

---

〔1〕罗克索兰人是萨尔马特人的一支,公元前2世纪夺取了第聂伯河和顿河之间的草原,成为当时黑海北岸最强大的部落联盟。斯基泰人虽利用尼姆法伊(Nymphean)海侵下彼列科普地峡使其变窄(关于当时气候变迁和地形关联等状况,可参阅 Davis-Kimball, Jeannine, V. Bashilov & L. Yablonsky, *Nomads of the Eurasian Steppes in the Early Iron Age*, p. 72.)等地利据守克里米亚,但囿于罗克索兰人的强大,克里米亚斯基泰人被迫成为它的附庸。同样,罗克索兰人为了自己的利益,也不时插手斯基泰人与周邻希腊城邦的斗争,时而贬抑斯基泰人,支持希腊人,时而支持斯基泰人,进攻希腊人。公元前179年前后,罗克索兰人国王加拉图斯(Galatus)就曾与科尔松涅斯结盟,反对斯基泰人,当时本都王法尔纳克一世与帕加马、俾泰尼亚和卡帕多西亚等王缔结的合约中就曾提到他。公元前165至140年间,一位执掌罗克索兰人大权的王后 Amage 在斯基泰人进攻科尔松涅斯之际,曾处死当权的斯基泰国王,扶立其子,且令其与希腊人友好相处。但到公元前110年左右,罗克索兰王塔西乌斯(Tasius)则与克里米亚斯基泰人国王结盟,反对博斯普鲁斯王国和科尔松涅斯。参阅 Tadeusz Sulimirski, *The Sarmatians* (*Ancient Peoples & Places*)(《萨尔马特人》), Thames & Hudson Ltd, 1970, p. 135.

筑设施,同时城内房屋林立,既有希腊风格的,也有斯基泰样式的。从生产角度来看,克里米亚斯基泰人已初步建立起了农业社会生产的分工体系,有很多部门。农业,尤其是谷物种植业,已成为斯基泰居民的经济基础,在村落和城市发现的诸多谷物储藏坑就充分验证了这一点。此外,他们还兼营畜牧,从事养牛,并从希腊人那里学习园艺,培植蔬菜水果,种植葡萄。在手工业方面,斯基泰人已建立制陶手工业,部分陶器是轮制的,此外纺织业、冶金业和酿酒业也得到了长足的发展。总之,在实用技术、物质文化层面以及部分审美艺术方面克里米亚斯基泰人已呈现出浓厚的希腊风韵。

在社会、国家层面,早期国家中的那种多种族剥削被当时社会内部形成的阶层所取代。克里米亚斯基泰人的国王和贵族虽然大多住在半希腊式的涅亚波利斯城里,但和普通平民不同,他们依旧过着游牧生活,不事稼穑。不过,他们掌控着全国的大部分土地,奴役所辖各族居民。其中,克里米亚斯基泰国王是全国最大的地主,其生活大抵同于博斯普鲁斯国王,向各级臣民征收实物贡税,主要是谷物,为此他在涅亚波利斯城修建了一批储藏坑来储备谷物。而贵族大都是统治部落的成员,拥有土地,奴役土著。以谷物为基础,他们同黑海南岸和地中海的希腊城邦、希腊化地区如雅典、罗德岛、埃及、帕加马、西诺帕等频繁贸易,积累了很多财富。

然好景不长,公元前2世纪末,克里米亚斯基泰人重新开始进攻希腊人。公元前110—109年,斯基泰人攻陷科尔松涅斯在克里米亚半岛西北岸的附属城邦——科尔琴尼提斯(Kerkinitis,今叶夫帕托里亚)和卡洛斯利米亚(Kalos Limean,古希腊语意为"美丽港"),其后兵指科尔松涅斯城,意欲图之。在此前后,斯基泰人还和罗克索兰人国王塔西乌斯(Tasius)结盟,进攻博斯普鲁斯王国。因斯基泰人攻势凶猛,科尔松涅斯和博斯普鲁斯王国无力抵挡,遂跨海向本都国王求援。本都国王米特拉达梯六世(Mithridates VI)派将军迪奥范特(Diophantus)出征,打败了克里米亚斯基泰人及其同盟罗克索兰人,占领了涅亚波利斯。嗣后克里米亚斯基泰人成为米特拉达梯六世的附庸,助

·欧·亚·历·史·文·化·文·库·

其反对罗马。

米特拉达梯六世死后,包括其及克里米亚本都王国随即解体,斯基泰人复国,仍保有克里米亚草原大部分地区及克里米亚西北海岸和丘陵地区。为了争夺土地和港口,斯基泰人和希腊人战事又起。罗马旋即开始介入黑海北岸事务。

为了防范克里米亚斯基泰人和萨尔马特人等蛮族,自奥古斯都开始,历届罗马皇帝扶植黑海北岸希腊城邦,望其缓冲蛮族对罗马帝国的压力。为此,罗马派兵驻防科尔松涅斯,且助其加固城防,修建长城以拱卫赫拉克利亚半岛。对于博斯普鲁斯王国,罗马则予其年度津贴,让其独自承担防卫。于是博斯普鲁斯王国在克里米亚半岛一侧也修建了一个类似的防御长城。为了对付斯基泰人的海盗行为,博斯普鲁斯诸王和罗马还联合组建了一支小舰队,在黑海上巡逻。

面对封锁,斯基泰人力图挣脱。但自从米特拉达梯六世征服黑海北岸以来,斯基泰人元气大伤,在黑海北岸只起次要作用,无力改变大局。公元 63 年前后,克里米亚斯基泰人进攻科尔松涅斯和博斯普鲁斯王国,却因罗马将军塞维鲁率多瑙河兵团驰援而无奈撤围。此种态势下,斯基泰人对外贸易如部分谷物虽可经由叶夫帕托利亚运至依附城邦奥尔比亚,然后转口供给希腊和运给多瑙河上的驻军,但主要还是仰仗博斯普鲁斯王国和科尔松涅斯等中介来买进卖出,如一部分谷物为科尔松涅斯商人包购。

之后,克里米亚斯基泰人日趋衰落。从公元 2 世纪起,克里米亚斯基泰人在与博斯普鲁斯作战过程中屡居下风,到公元 2 世纪末,被迫承认了博斯普鲁斯王国的统治权。自公元 2 世纪末叶到 3 世纪初叶,博斯普鲁斯王科提斯二世和萨夫罗马特三世的铭文中,也曾记载他们屡次战胜斯奇提亚人和锡拉西人,列斯库波里德三世(公元 210—227 年在位)甚至自称为"全博斯普鲁斯和托鲁斯—斯基泰人的国王"[1]。其后由于黑海北岸族群活动频繁,斯基泰人更趋式微。公元 3 世纪中

---

〔1〕(前)苏联科学院:《世界通史》(第 2 卷,下册),三联书店 1960 年版,第 979 页。

叶,萨尔马特人族系的阿兰人入侵黑海北岸,攻陷斯基泰涅亚波利斯,克里米亚斯基泰人主体被打散,不复存在。在随后的民族大迁徙洪流中,残余的斯基泰人更是被冲击得七零八落,四散消融,并入了在南俄过境的其他民族,退出了历史舞台。

4 斯基泰人的经济

4.1 游牧业

斯基泰人之所以能够出现在历史舞台上,是和整个欧亚草原的气候大环境、游牧业的兴起密不可分的。正因博采各家所长,斯基泰人才得以形成比较完善的游牧业,在早期游牧民族中脱颖而出,成为欧亚大陆早期游牧民族的典型代表。

4.1.1 黑海北岸游牧业的产生

首先,必须明确什么是"游牧"。一般来说,人们理解的游牧生活就像司马迁在《史记·匈奴列传》里所归纳概括的那样:

> 匈奴……居于北蛮,随畜牧而转移。其畜之所多则马、牛、羊,其奇畜则橐驼、驴、骡、駃騠、騊駼、驒騱。逐水草迁徙,毋城郭常处耕田之业,然亦各有分地。[1]

应该说这种理解基本正确,它指明了游牧的两个主要特征——"游"(nomadic)和"牧"(pastoral)。但是仅仅从人文景观上理解游牧,不免有些简单。事实上,真正的游牧生活涉及自然环境、动植物特性、经济及社会生活等诸多方面,须从人类学上予以恰当解释。

在这方面,王明珂先生给出了较为准确的答案。他认为,"游牧"是人类利用农业资源匮乏之边缘环境的一种经济生产方式。人们利用食草动物的食草性与它们卓越的移动能力,将广大地区人类无法直接消化、利用的植物资源,转换成可资利用的肉、乳等衣食住行日常所需;同时,人们在社会组织与文化上作种种安排、调节以适应此种生活,

---

〔1〕〔汉〕司马迁:《史记》卷 110,中华书局 1982 年版,第 2789 页。

并更有效地利用、分配、争夺相关资源。[1]

游牧业并不是从来就有的。在此之前，欧亚草原经历了全新世的渔猎采集经济、畜牧农耕经济、青铜时代较进步的农牧经济，最后才出现铁器时代的游牧经济。[2]

游牧业能够出现，肇因于公元前2千纪末叶的气候变迁。公元前11世纪，欧亚草原气候剧变。东欧迎来了一个长期干旱的时代，海平面出现变化，黑海和里海水位消退；而东方的哈萨克斯坦草原，气候变化更为剧烈，植物带大约往北迁移了200公里。气候趋向干旱，对黑海北岸草原及广大欧亚草原的人类活动及经济生态影响很大，居民人数由此大为减少。相应地，聚落数目也随之锐减。在公元前12世纪到前10世纪，多瑙河和顿河之间草原上的聚落数目相比以前，减少了10倍。这种人群的稀疏在某种程度上揭示了诸如别洛泽卡（Belozerka）和亚斯鲁布纳亚（Pst-Srubnaja）等大型晚期青铜文化共同体崩溃的原因。[3]

从种种考古遗存来看，黑海北岸草原人群在这一时期并不是一味消极被动的，而是积极努力地适应环境，扩大获取生活资源的范围。利用食草动物之食性及移动性来获取生活资源是基本原则。因此在干旱的环境下，以农业和养牛业为主的传统混合经济出现显著变化，农业比重减少，畜牧业比重增加，且畜牧业的游动性增强。多余的人口开始离开河谷地带，在广袤的草原上放牧。在这种情况下，马的作用势必增强。

然而这种经济模式所能养活的人口，远少于农业或混合经济模式下的人口数量。在气候干旱和产出减少之际，除第聂伯河、德涅斯特河

〔1〕王明珂：《游牧者的抉择：面对汉帝国的北亚游牧部族》，广西师范大学出版社2008年版，第3、60页。

〔2〕杨建华：《欧亚草原经济类型的发展阶段及其与中国长城地带的比较》，载《考古》2004年第11期。

〔3〕E. Marian Scott, Andrey Yu, Alekseev and Ganna Zaitseva: *Impact of the Environment on Human Migration in Eurasia*（《环境对欧亚大陆人类迁徙的影响》）, Dordrecht, London: Kluwer Academic, 2004, p.37.

流域人群外,相当数量的人口为寻觅活路,被迫离开黑海北岸草原,迁往第聂伯河森林草原地带、克里米亚半岛、北高加索以及匈牙利平原等气候湿润地区,期间不乏和当地人群的碰撞融合。这一过程持续时间很长,一直延续到公元前8世纪末。当时来自黑海北岸的人群——辛梅里安人在近东劫掠,以及荷马称黑海北岸的居民为饮马奶者、饮奶者,这些文献上的记述在某种程度上可视为气候长期干旱所引起黑海北岸人群经济生态及族群外迁的佐证。因而,有些学者一般用辛梅里安人指称从公元前12世纪到前8世纪左右黑海北岸的人群,进而认为辛梅里安文化是青铜时代晚期到早期铁器时代过渡阶段的文化。

根据从辛梅里安坟墓和宝藏中发现的马具等相关器物来看,辛梅里安人饲养动物业的水平已达到较高水准,其动物种类有牛、羊、山羊、猪和马匹等。他们似乎也知道骆驼,虽然这种动物对他们来说价值不大。毋庸置疑,其中马的地位较高,它被用来开拓新领土,劫掠和贸易,但在畜产构成上却是羊占主要比重。同时,带有马具的土葬墓流行,骑马精英阶层兴起。这些现象,都说明辛梅里安人已经粗具游牧民族的雏形。因此,有学者认为辛梅里安人是黑海北岸草原上最早的一批游牧民族,正是他们完成了向游牧生活的过渡。[1]

进入公元前1千纪,即公元前12—前9世纪,气候向干冷发展,原来的畜牧方式已经不再适应新的环境,形成了新的驱赶式的放牧方式。为实行这种新的放牧形式,出现了3个明显的变化。一是动物的种类发生了变化,便于迁徙的动物占大多数,其中羊占首位,比重高达81%,马的数量也增加了一倍;二是出现了轻便的房屋(Light Farm-dwelling),亦即帐篷;三是骑马技术。[2] 这些新因素和游动放牧的方式经过长期发展,最终在斯基泰文化中得以确立。

4.1.2 斯基泰人的游牧业

上承青铜时代末期黑海北岸草原人群的游牧变革,斯基泰人的游

---

[1]赵云中:《乌克兰:沉重的历史脚步》,华东师范大学出版社2005年版,第5页。
[2]杨建华:《欧亚草原经济类型的发展及其与中国长城地带的比较——读〈欧亚草原东西方的古代交往〉》,载《考古》2004年第11期。

牧业比之传统畜牧业,既有继承,即原先的畜产比例大致固定,但又有了一些新的变化。

4.1.2.1　动物体格与畜产比例

关于斯基泰时代家畜和野生动物的理论问题,主要依赖动物骨骼来研究。这些动物骨骼是在系统挖掘过程中发现的,并经过了科学分析。在这一领域贡献最大的是卡尔金斯(V. I. Calkins)及其团队。1960年,卡尔金斯率领众人研究了草原斯基泰地区12 500只动物身上的320 000块骨骼。在此基础上,他们提出了研究成果。

他们发现,在斯基泰时期,斯基泰人及邻居依旧饲养牛、羊、山羊、猪和马匹,没有新的动物种类出现,除了家猫和驴以外,而家猫和驴似乎是希腊人在殖民过程中带来的。[1]

然而,将斯基泰人饲养的牲畜品种与之前青铜时代的牲畜品种进行比较,斯基泰人饲养的牲畜其体格要小很多。其实这一趋势在公元前1千纪初已经初露端倪,当时所有家养动物的体格都在变小,例如牛和马匹与之前相比矮了5厘米。毫无疑问,在斯基泰时代,动物的平均体格更小,母牛仅高109厘米,公牛高112厘米,阉牛高123厘米。这种动物体格上发生剧烈变化的原因目前尚不清晰,有待讨论。同样在欧洲其他地区,也有类似的情况,家养的品种自新石器时代不断缩小。东欧的这种状况在早期铁器时代加剧,但直到中世纪才达到巅峰。不管原因是体格减小,饲养动物更加容易,还是由剧烈的气候恶化所致,这些都需要未来去解决。[2]

同时,畜群的构成,即不同动物种类之间的比例发生了很大的变化。在斯基泰人所拥有的畜群中,牛的数量减少,不再是畜群的主要构成;马的数量增多,作用增强;而羊则是斯基泰人饲养的主要动物。对于猪,斯基泰牧民似乎不感兴趣,希罗多德提到斯基泰人不用猪做牺牲,也没有养猪的习惯。[3]

〔1〕Renate Rolle, *The World of the Scythians*, p. 100.

〔2〕Renate Rolle, *The World of the Scythians*, p. 100.

〔3〕希罗多德:《历史》,王以铸译,第289页。

畜产比例之所以出现这些变化,是和这些动物的动物性以及气候变化分不开的。原先在青铜时代大量饲养的牛,因其饮水多而又怕热的动物性和移动性差的特点,在气候干燥的草原环境下,在需要游动以寻找牧场的活动中,不甚经济,其数量必须减少,剩下的大多被斯基泰人用来牵引车辆。不仅如此,斯基泰人饲养的牛也与青铜时代不同。希罗多德说,斯基泰人的牛没有牛角,他归因于当地的极端严寒。[1]现代研究证实,斯基泰人在黑海北岸地区饲养的牛确实以无角牛或短角牛为主。或许这是斯基泰人在迁徙过程中,从东部草原带来的新品种。

随着金属冶炼技术的进步,马鞍、马衔等工具的出现使得骑手可以驾驭马匹,于是,马匹在游牧生活中的作用增强,骑马文化流行起来。斯基泰人骑着马可以放牧大量羊群,以利用远方的草场,真正实现一种移动的畜牧生活,从而扩大了获取资源的空间。不仅如此,前述覆盖着兽皮的帐篷式马车,也可以用马匹来牵引。可以说,正是骑马文化的出现,才使得斯基泰人真正走上了游牧的道路。同时,马的肉乳也可以为人所用。其中,马奶以其富含维生素 C、不饱和脂肪酸的植物特性和消除脂肪、有助消化的功能,而为缺乏植物类饮食的斯基泰人所看重,成为其喜好的饮品;也被惯于定居、以谷类为主食的希腊人所瞩目,成为他们心中的游牧民族的代名词。

因为马在日常游牧生活中的这种突出作用,也由于马自身的动物性,如对主人的驯服、忠顺及奔跑速度等,在斯基泰人群中崇马文化颇为流行。[2] 一般的斯基泰人生前以拥有骏马、拥有马匹数量众多为荣,有些人甚至开始使用马匹作为名字。公元前 670 年代早期出现在亚述帝国东北边境、被亚述人称为"斯基泰土地的王"的伊斯帕卡(Ish-

〔1〕希罗多德:《历史》,王以铸译,第 276 页。
〔2〕著名作家张承志在《历史与心史——读〈元朝秘史〉随记》(载《读书》1985 年第 9 期)一文中,曾用文学语调细致描述过骏马和北亚牧人的关系。因其在内蒙古牧区插过队,真切体验了牧人的生活,所以具有相当的参考价值。他认为,牧民的劳动对象是有生命的畜群,牧民的生命观不同于农耕民族。其中,骏马是牧人各阶层的寄托。骏马的形象和对骏马的憧憬,是游牧民族特殊的审美意识,剽悍飞驰的骏马是牧民心中的美神。

paka),在希腊语中可转写成 Aspakos。根据后世希腊文献和黑海希腊碑铭,有不少普通的伊朗语词汇中含有 aspa(古伊朗语中的"马")的元素,上述 Aspakos 即意为"拥有骏马的人",Baioraspos 则意为拥有许多马匹的人。[1] 伊斯帕卡亦即"拥有骏马的人",它体现了斯基泰人中普遍存在的爱马心理。不仅如此,斯基泰人死后也大多选择以马匹殉葬。在这一时期的斯基泰冢墓中,马常作为牺牲被杀死献祭殉葬。在公元前 6 世纪,一个斯基泰坟冢陪葬需要 16 到 24 匹马。在乌尔斯基(Ulskii)古冢,则有 400 多匹马殉葬。

虽然马匹在斯基泰人生活中的作用如此之大,但其肉乳产量与生殖率不高。相比马来说,羊,尤其是山羊则有高繁殖率和高产乳量,且适应各种环境的能力较强,因而为斯基泰人所青睐,得以取代牛群成为主要的饲养动物。这一时期,斯基泰人其实主要靠放牧羊群取得羊毛和乳酪,来满足衣食所需。荷马在历史上首次提到"饮马奶者",此后的古希腊罗马作家,大都选择性地对斯基泰人饮马奶感兴趣,原因在于以往希腊普遍流行牧羊和饮羊奶的习俗,而他们却忽略了斯基泰人放养的其实多是羊群,日常饮食更多以羊乳及其乳制品为主这一常识。相反,以养马业见长的波斯人,对斯基泰人饮马奶的习俗却不甚在意,倒反而称斯基泰人为牧羊人,以此来区别彼此。

猪因为在野外所吃的食物(除少数草叶外,主要为根茎、菌菇、野莓、野果、蜗牛等)直接和人构成竞争关系,因此在生存资源极度匮乏的情况下,不宜作为动物牲畜。希罗多德说斯基泰人不用猪做牺牲,也没有养猪的习惯,是大体符合历史事实的。不过,在森林草原地区的定居或半定居部落人群那里,猪也是存在的。

4.1.2.2 游牧方式

游牧方式,即游牧民的迁徙规律。在这个方面,普列特涅娃(S. A. Pletneva)提出的古代黑海北岸游牧族群发展的历史阶段论,对

---

[1]Ehsan Yar – Shater, *Encyclopædia Iranica*(《伊朗学百科全书》), Vol. 5, s. v. Asb. 载 http://www. iranica. com/articles/asb – horse – equus – cabullus – av,2011 年 2 月 14 日查阅。

·欧·亚·历·史·文·化·文·库·

我们认识斯基泰人的游牧方式有很大帮助。在鲁登科（S. I. Rudenko）的理论基础上，普列特涅娃提出，侵入黑海北岸的古代游牧族群一般会经历3个阶段。第一个阶段是侵略的时代，其时游牧民从东方迁来，征服了他们"新的母国"，从事无规则的游牧，即没有确切的游牧路线，没有固定的冬夏牧场。这一阶段，大约在游牧民历史上持续了50年，几乎没有留下任何考古记录。在第二个阶段，游牧民则确立了稳定的迁徙路线，有了固定的冬夏牧场和部落墓地。第三个阶段是危机阶段。此时某些贫困的游牧民被迫定居，从事农业生产，而其他家族则继续迁徙、游牧。这一阶段在游牧民侵入黑海北岸之后的历史中占据了相当长的时间，甚至超过一个世纪。[1]

按照普列特涅娃的理论，我们发现，在我们所知的斯基泰人历史中，似乎斯基泰人在北高加索出现之初即有墓地，或许说明在北高加索时，斯基泰人已处在普列特涅娃所说的第二个阶段。结合北高加索的地理环境以及当时的气候可以推断，斯基泰人当时可能采取一种垂直游牧方式，即夏季迁往高山而冬季移向低谷。

斯基泰人迁往黑海北岸之后，其游牧方式也长期处于第二个阶段。希罗多德提到，在农业斯基泰人和阿拉佐涅斯人的领土之间有眼苦泉，它在斯基泰语里是埃克撒姆派欧斯（Exampaeus），译成希腊语有"圣路"之意。[2] 在他处，希罗多德又曾提及埃克撒姆派欧斯，说斯基泰国王阿里安塔斯用人口统计时收上来的箭镞铸成一个大型青铜鍑，立在此处。从这两则材料来看，埃克撒姆派欧斯很可能是道路和贸易活动的连接点，在斯基泰人的情感中占据了相当的位置，否则斯基泰国王阿里安塔斯不会将青铜鍑这个颇具象征意义的礼器立于此处。因此，这个埃克撒姆派欧斯可以证明斯基泰人在游牧时已经有了确切

---

〔1〕Jurij A. Vinogradov, "Two Waves of Sarmatian Migrations in the Black Sea Steppes during the Pre-Roman Period"（《前罗马时代萨尔马特人迁入黑海草原的两次浪潮》）, in Pia Guldager Bilde, Jakob Munk Højte & Vladimir F. Stolba (eds.), *The Cauldron of Ariantas, Studies Presented to A. N. Sceglov on the Occasion of His 70 th Birthday*（《阿里安塔斯的青铜鍑，献给谢格罗夫70寿诞的研究》）, Denmark：Aarhus University Press,2003, p. 220.

〔2〕希罗多德：《历史》，王以铸译，第286页。

的游牧路线,且在长期的游牧生涯中,斯基泰人对路线上的个别地点还倾注了特殊的情感。

不仅如此,部落墓地也是存在的。希罗多德提到,斯基泰历代国王的坟墓都在盖罗司人(Gerrhus)居住的地方,那里是包律斯铁涅司河(第聂伯河)溯航的终点。[1] 对这些坟墓,斯基泰人极为看重。斯基泰国王伊丹图尔索斯在回敬波斯国王大流士的话里,点出了斯基泰历代国王先祖坟墓的重要性,他说波斯国王如果毁坏斯基泰人先祖的坟墓,斯基泰人不惜决一死战。[2]

这些都说明在斯基泰人眼里,茫茫千里草原并非毫无差别,父祖的坟茔、迁徙的路线都是他们视野中的点和线,是他们判定方向的固定坐标。在天长日久的游牧生涯中,他们对此也寄托了许多情感。至于冬夏牧场,史无记载。斯特拉波有一则记载罗克索兰人游牧习惯的材料于此问题或许有些助益。他说罗克索兰人虽然逐水草迁徙,但习惯冬天在亚速海附近放牧,而夏天时迁往北方。[3] 考虑到斯基泰人与罗克索兰人都是游牧民族,都曾占据着相同的地理空间,或许可以类推,即斯基泰人在对黑海北岸地理环境、气候等长期的摸索过程中,可能也实行南北水平式的迁徙方式,[4] 即冬天驻牧亚速海,夏天迁往内陆的森林草原消暑度夏。

稳定的游牧路线、固定的部落墓地以及冬夏两季的固定营盘,都说明斯基泰人是在一个大致固定的地域内活动,已经不是那种漫无目的的无规律游牧了。这种牧场的稳定性,说明斯基泰人在当时已经对土地(更准确地来说是牧场)有所重视,在他们那里草原已经不再以原始的无穷无尽的形式出现了。正因如此,斯基泰人每个部落各有一块固定的活动牧场。在第聂伯河以西,希罗多德大概描述了一下各部的活动地域离海的远近,虽没有明确说明各部领地的界线,但在第聂伯

〔1〕希罗多德:《历史》,王以铸译,第292页。

〔2〕希罗多德:《历史》,王以铸译,第314页。

〔3〕Strabo, *The Geography of Strabo*, VII. pp.3.17.

〔4〕据哈扎诺夫研究,欧亚草原的游牧基本上是南北式的水平移动。参阅 Khazanov, *Nomads and the Outside World*(《游牧民与外部世界》), University of Wisconsin Press, 1994, pp.50－51.

河的斯基泰人各部,他明确提到,各部的土地各有界线,如农民斯基泰人与游牧斯基泰人以庞提卡佩司河(Panticapes)为界,而王族斯基泰人与游牧斯基泰人则以盖罗司河为界。对于其中的领导部落——王族斯基泰人,希罗多德还详细描述了其领土范围,说他们在盖罗司河的东边,向南一直伸展到陶里亚,向东则到达盲人的儿子们所挖掘的壕沟以及麦奥提斯湖湖上被称为克列姆诺伊(Cremni)的商埠,其中一部则伸展到塔纳伊司河(顿河)。[1]

普列特涅娃所说的第三个阶段,斯基泰人也有,那就到了公元前 4世纪以后了。当时,斯基泰人口激增,许多人口被迫从事农业、渔猎和手工业。

4.2　农业、掠夺与贡赋

游牧经济不是一种能够自给自足的经济形态,它需要外来资源以补其不足。在这一点上,斯基泰人也不例外,它存在诸多物资缺口。首先,当天气灾害(如冬季和初春突如其来的白毛风和大雪)来临之时,斯基泰人的牲畜锐减,收成不佳,此时需要获取稳定的粮食及牲畜来维持生计。其次,斯基泰人重视武功,蔑视手艺,手工业当时在斯基泰人眼中只算末技,未能成为独立行业;但蔑视不等于不需要,在战争和日常生活中,斯基泰人仍需要相当数量的武器和金属制品。再次,草原上无树,木材奇缺。希罗多德提到,斯基泰牧人有时迫于无奈,会用牛骨来煮牛肉,[2]而斯基泰人制作弓矢、篷车木架以及车轮等,皆需木材。因此,这些暂时的或长久的物资缺口促使斯基泰人通过其他途径来补充物资。

4.2.1　农业

4.2.1.1　公元前 5 世纪末之前

从希罗多德的叙述中可知,斯基泰人中有 4 个部落从事农业,他们

---

[1]希罗多德:《历史》,王以铸译,第 273 页。
[2]希罗多德:《历史》,王以铸译,第 289 页。

都分布在第聂伯河流域及以西的河谷和草原上。其中,卡里披达伊人和阿拉佐涅斯人在其他方面与斯基泰人类似,但他们播种和食用谷物、洋葱、大蒜、扁豆、小米。另外两个部落——农耕斯基泰人和农民斯基泰人,希罗多德没有提到他们具体播种和食用的粮蔬品种,但希罗多德说,农耕斯基泰人种植谷物非为食用,而是出售。[1] 仅从两者名称"农耕斯基泰人"和"农民斯基泰人"判定,他们与农业应当有一定关系。

由上观之,在公元前 5 世纪,斯基泰人的经济无疑应包含农业成分,但并不能像有些学者那样望文生义,据农耕斯基泰人之名即判定斯基泰人的农业类型是田耕农业。因为在现有考古遗存中,目前既未发现斯基泰人的犁,也未发现犁铧,只发现了许多储藏谷物的坑穴、铁镰刀和马鞍形磨谷器。从出土的谷物种子来看,除大麦、小麦和小米外,斯基泰人还培植黑麦,而在青铜时代栽培的植物中,不论任何地方都还没有黑麦。

因此,目前我们还不能断定斯基泰人的农业是田耕类型。不过,斯基泰人当时已有人从事农业应是不争的事实。从作物品种来说,种类相对较多,但所种作物大多是耐冷抗旱之类,无需精耕细作,粗放管理即可;在食用水平上,由马鞍形磨谷器来看,斯基泰人已有能力将粒状谷物,磨成粉末食用。总而言之,农业的出现对斯基泰人具有重要意义,它为斯基泰人提供了重要的物资补给。但是对其农业水平,我们不能估计过高。我们很难判定当时农业是一个完全独立的行业,因为当时居址较少,斯基泰人的农业,很有可能并不是定居农业,而是一种游牧农业,不太稳定。农业所得,只是用来补充游牧业的不足。譬如,小米很有可能被斯基泰人用来喝茶。在农业人口方面,我们不能判定希罗多德提到的这几个部落人口大都从事农业。他们之中很有可能只有少数人从事农业,更准确地说可能是兼顾农业。否则,希罗多德不会说农耕斯基泰人种植谷物是为了出售,而非食用。这说明农耕斯基泰

〔1〕希罗多德:《历史》,王以铸译,第 272 页。

人主要还是从事游牧业,饮奶吃肉。

4.2.1.2 公元前 5 世纪末之后

在斯基泰人定居化进程中,农业得到了前所未有的发展。当时第聂伯河流域和克里米亚草原上的那些村落,其居民中有相当人群是从事农业生产的。从村落的密集出现来看,当时斯基泰人的农业已经从游耕向半定居或定居农业过渡了。不过,各地的农业生产各有特色,反映了各地的气候环境,在农业上受外来影响之强弱以及农业与畜牧业之间的关系。

帕什凯维奇(Pashkevich)根据古生物学分析指出,在第聂伯河下游斯基泰人的饮食中,小米和大麦起主要作用,而毗邻的奥尔比亚村落居民则主要食用小麦和大麦。[1] 这说明第聂伯河下游的斯基泰人受希腊人影响较小,在农业生产上较为粗放,主要以适应性强、产量低且不用灌溉的作物为主,其使用的工具也较为粗放,主要是石制工具。由此判断,第聂伯河下游的斯基泰人从事农业,主要是为游牧民补充物资,是一种生计性生产,其生产可能是为了配合游牧节奏而作出的,其农业可视为半定居农业。务农者可能都是由地位低下的人组成,可能也包括游牧人群中某些穷困潦倒者。当然这并不是说他们完全不种小麦。

克里米亚的斯基泰人则主要是以小麦为主。斯特拉波曾说过,那里小麦产量高,从事农业生产的被称为农民。[2] 考虑到小麦在生长过程中需要灌溉,耕作管理相对精细一些,说明这个地区斯基泰人主要从事的是精耕农业。这可能是在博斯普鲁斯王国希腊人的影响下,考虑到市场取向而作出的一种调整。

---

〔1〕David Braund, *Scythians and Greeks: Cultural Interactions in Scythia, Athens and the Early Roman Empire(six century BC—first century AD)* 〔《斯基泰人与希腊人:斯基提亚、雅典与早期罗马帝国之间文化的相互影响》(公元前 6 世纪—公元 1 世纪)〕, Exeter: University of Exeter Press, 2005, p.138.

〔2〕Strabo, *The Geography of Strabo*, VII. pp.4.6.

4.2.2 劫掠与贡赋

4.2.2.1 古老的 Balc 制——早期斯基泰时代的劫掠

近代之前,奥赛梯人中有一种非常独特的劫掠风俗叫 Balc。Balc 在奥赛梯语中是指对或远或近周邻地区的掠夺性侵袭,这些劫掠由名为 Bal 的一群青年男子执行。为了成为高层武士,一个 Bal 必须参加 3 次名为 Balc 的劫掠行动,时间分别长达 1 年、3 年和 7 年。长达一年的 Balc,同时是一名青年男子所必需的成人礼。在 19 世纪,每个青年男子须在婚后第三天离开妻子参加首次 Balc,而在此之前,参加此类的劫掠活动,则是结婚的必要条件。然而,Balc 并不仅限于成人礼,不同年龄的武士都可以参加。除此,短期劫掠也经常进行。因为劫掠与英雄勇气相伴生,所以他们的社会声望很高,其事迹在口耳相传的英雄史诗《纳尔特》里被不断赞颂。

俄罗斯学者伊万奇克将古典文献和碑铭中的某些资料与奥塞梯人英雄史诗中的 Balc 风俗比照,指出奥赛梯人的前辈——斯基泰人中间很有可能也流行类似的劫掠风俗。一方面,古典文献证明斯基泰人中存在相似的风俗。自希罗多德以降,整个古典传统都认为,斯基泰人侵入亚洲并不是全部斯基泰人倾巢出动,而只是青年男子暂时离开家庭和财产而进行的劫掠活动。奥塞梯人一次 Balc 就是如此。希罗多德叙述的撒乌罗玛泰伊人的起源故事[1],可能反映了一种类似奥塞梯人长达一年的 Balc 风俗。在此,希罗多德描述了一个经典的斯基泰男子社团(Männerbund),其成员均为未婚青年男子。他们和其他斯基泰人分居,除马匹、武器外一无所有,仅以狩猎、劫掠为生。最后,青年斯基泰人在从事这种 Balc 活动中,因娶亚马逊人为妻而得以成为成年男子,且获得一份家产。另一方面,Bal 一词本身在斯基泰—萨尔马特方言中已经出现。塔纳伊斯和奥尔比亚的某些希腊文碑铭上有两个名称 Ούαστόβαλος 和 Ούάρξβαλος,意思是"Bal 所喜爱的"和"喜爱 Bal

---

[1]希罗多德:《历史》,王以铸译,第 307－310 页。

· 欧 · 亚 · 历 · 史 · 文 · 化 · 文 · 库 ·

的"。这些用古希腊文书写的词语表明,在斯基泰时代,Bal 已经出现。[1]

因此,欧亚游牧者在近东的活动很有可能就是由这种人群的这一系列劫掠活动组成的。他们可能在一段相当长的时间内待在近东,如果我们考虑到这些地区离欧亚草原的遥远,似乎最有可能的结果是这些人群返回东欧草原,并没有定居在近东,虽然可能也有某些例外。

4.2.2.2 斯基泰时代中后期的劫掠与贡赋

斯基泰人在迁往黑海北岸之后,尚武之风日盛,劫掠之习依旧。对此,希罗多德曾绘声绘色地描述过斯基泰人浓厚的劫掠尚武之风:

> 至于战争,他们的习惯是这样的。斯基泰人饮他在战场上杀死的第一个人的血。他把在战争中杀死的所有的人的首级带到他的国王那里去,因为如果他把首级带去,他便可以分到一份虏获物,否则就不能得到。他沿着两个耳朵在头上割一个圈,然后揪着头皮把头盖摇出来。随后他再用牛肋骨把头肉刮掉并用手把头皮揉软,用它当作手巾来保存,把它吊在他自己所骑的马的马勒上以为夸示;凡是有最多这种头皮制成的手巾的人,便被认为是最用武的人物。许多斯基泰人把这些头皮像牧羊人的皮衣那样地缝合在一起,当作外衣穿。许多人还从他们的敌人尸体的右手上剥了皮、指甲等,当作外衣穿。看来人皮是既厚且有光泽的,可以说,在一切的皮子里它是最白最光泽的皮子,还有许多人从人的全身把皮剥下来,用木架子撑着到处把它带到马背上。[2]

由此可见,斯基泰人对外战争的目标是"虏获物",而每个人用阵亡敌人的人皮制作各种用品,很大程度上是为了夸耀自己的英勇。

同时,为了鼓励多立军功,英勇杀敌,斯基泰人每年在每个地区还举办宴会,用酒款待那些杀敌立功之人,反之,则令其一边干坐,羞辱

---

〔1〕Askold Ivantchik, "The Scythian 'Rule over Asia': The Classical Tradition and the Historical Reality"(《斯基泰人"统治亚洲":古典传统与历史真相》), in Gocha R. Tsetskhladze (ed.), *Ancient Greeks West and East*(《古代东西方的希腊人》), Netherlands, Boston: Brill, 1999, pp. 503–505.

〔2〕希罗多德:《历史》,王以铸译,第 290–291 页。

万分。

不过,劫掠之风并非为斯基泰人所独有。当时,斯基泰人的周邻诸族也大都谙习劫掠,如希罗多德说陶里人是"仰仗着打劫和战争为生的"[1],是遇难水手的梦魇[2]。因此,为争夺农牧资源,扩大势力范围,斯基泰人有时不免和周邻诸族发生或大或小的冲突。

在描述其他主题时,希罗多德不经意间留下斯基泰人与周邻族群发生冲突的两个案例,可资为证。在斯基泰国王司库列司的故事中,希罗多德提到其父阿里亚佩铁司(Ariapithes)之所以死亡,是因为中了阿伽杜尔索伊人国王斯帕尔伽佩铁司(Spargapithes)的奸计,[3]而在希罗多德讲述的希腊人中流传的关于斯基泰人起源的传说中,阿伽杜尔索伊人的先祖是被斯基泰人逐出黑海北岸草原的。因此,由上述两事判断,在阿伽杜尔索伊人退出黑海北岸草原之后,两者为争夺黑海北岸草原,并没有息战言和,冲突矛盾依旧不断,阿里亚佩铁司之死即可力证。

希罗多德还曾提到,严冬之际,当黑海和亚速海结冰之时,克里米亚的斯基泰人会驱使战车冰上行军,攻入辛德人(Sindi)的国土。[4] 对此,现今学者普遍认为,这不是军事意义上的战争,而只是冬季牧人的迁场。至于为什么这是冬季移牧,学者们未加解释。以笔者之见,当时斯基泰人早已淘汰战车,作战以骑兵为主。因此,在实际作战中,冲锋的队伍中出现战车的可能性不大。故希罗多德此处所说的战车似乎应是"篷车",即上面安装帐篷的车辆,它们是斯基泰人移动中的家园。当冬天极端寒冷,冬场出现严重雪灾时,斯基泰人会赶着篷车,驱使牲畜,外出寻找牧场。游牧民族的冬场都是固定的,冬天迁移到别处冬牧场放牧,即对别人生存构成威胁。而整个克里米亚东部就其自然条件而言,作为牧场逊色于辛德人占据的塔曼半岛。因此,在冬季严寒之

---

〔1〕希罗多德:《历史》,王以铸译,第306页。
〔2〕希罗多德:《历史》,王以铸译,第306页。
〔3〕希罗多德:《历史》,王以铸译,第295页。
〔4〕希罗多德:《历史》,王以铸译,第276页。辛德人是当时生活在塔曼半岛上的一个民族。

时,斯基泰人迁场至刻赤海峡对岸的塔曼半岛是很有可能的。从游牧人类学的角度来看,斯基泰人在冬季迁入辛德人的牧场放牧,无疑是对辛德人利益的损害,因此这类迁场活动无疑是一种劫掠行径。[1]

由于斯基泰人的武力优势,在劫掠过程中,某些森林草原人群和希腊城邦很有可能被迫依附于斯基泰人,形成了被保护与保护的关系。但这种依附程度不深,仅仅体现在贡赋上,且贡赋的多寡很有可能取决于他们对斯基泰人反抗的程度。在希腊城邦科尔琴尼提斯出土的一块双耳细颈瓶碎片上,刻有阿帕图里奥斯(Apaturios)的一封信札里提到,希腊城邦须向斯基泰人缴纳贡赋[2]。只是关于这种保护关系的具体性质和赋税的具体实现形式,我们尚无从知晓。不管如何,通过缴纳贡赋,为斯基泰人生产手工产品,如弓矢、马车以及陶器等,森林草原诸部和希腊城邦解除了军事威胁,确保了自己的独立。[3]

总之,通过劫掠,斯基泰人获取粮食,奴隶、皮毛以及弓矢等手工产品,补充了自己物资上的不足,具备了同希腊人进行贸易的条件。另一方面,通过劫掠,斯基泰人对某些森林草原部落还确定了稳定的政治关系。

4.3 对外贸易与草原丝绸之路

为获取额外的物资补给,斯基泰人除从事农业、掠夺和征收贡赋外,还极为重视对外贸易。他们与黑海北岸的希腊殖民城邦开展了多种形式的中近程贸易,由此获取了自己不能生产的各类高档奢侈品。不仅如此,他们还与希腊行商一道,沿丝绸之路来往于东西之间,沟通欧亚。

---

〔1〕David Asheri, Alan Lloyd, Aldo Corcella, *A Commentary on Herodotus Books I – IV*(《对希罗多德一至四卷的注释》), Oxford:Oxford University Press, 2007, p. 602.

〔2〕Gocha R. Tsetskhladze, *North Pontic Archaeology :Recent Discoveries and Studies*(《北本都海(黑海北岸)考古:最近的发现与研究》), Leiden,Boston:Brill, 2001,p. 250.

〔3〕Anna I. Melyukova, "Scythians of Southeastern Europe"(《东南欧的斯基泰人》), in Davis – Kimball, Jeannine, V. Bashilov & L. Yablonsky (eds.), *Nomads of the Eurasian Steppes in the Early Iron Age*(《早期铁器时代欧亚草原的游牧民族》), p.54.

当时黑海北岸的希腊城邦,按其相互间的政治经济关系、地理位置,一般可分为 3 个组群(见图 4-1[1]):一个黑海西北岸的城邦组群,它以奥尔比亚(今南布格河口右岸帕尔亭诺村附近)为首,包括周边的贝雷赞(Berezan,位于今南布格河河口的贝雷赞岛上,故名)、尼科尼翁(Nikonion,在今敖德萨附近)等城邦;一个是以潘蒂卡皮翁(Panti-capaeum,今刻赤)为首的博斯普鲁斯王国,统辖位于刻赤半岛和刻赤海峡对岸塔曼半岛上的诸希腊城邦;第三个是以科尔松涅斯(Cher-sonesus,今塞瓦斯托波尔)为首,包括科尔琴尼提斯(Kerkinitis,今叶夫帕托里亚)等城邦在内的西北克里米亚城邦群体。他们与斯基泰人都有交往,或战或和,但从交往主导权来看,则有先有后。一般来说,在公元前 6、前 5 世纪,奥尔比亚与斯基泰人的经贸关系占据主导地位。之后,博斯普鲁斯王国与斯基泰人的贸易关系则后来居上,引领群雄。因此本节将主要以奥尔比亚、博斯普鲁斯王国与斯基泰人的贸易往来为重点进行叙述,而科尔松涅斯人与斯基泰人的经贸关系则相对逊色,本节不再赘述。

4.3.1 希腊城邦与斯基泰人之间的贸易

4.3.1.1 奥尔比亚人与斯基泰人的贸易(公元前 6—前 5 世纪)

奥尔比亚,公元前 645 年由米利都人建立。它地处南布格河和第聂伯河入海处,交通便利,优越的地理位置使其既可溯河而上,深入斯基提亚内陆,又可沿河而下,泛舟黑海。不仅如此,其濒临的南布格河和第聂伯河下游河谷,土壤肥沃,宜于农耕,农产丰富,而河口处则因两河交汇形成溺谷环境,鱼群密集。依靠得天独厚的地理区位、资源优势,奥尔比亚在殖民之初即脱颖而出,成为当时黑海北岸最具活力的城邦,在希腊人与斯基泰人的经济关系中当仁不让,起主导作用。

据考古资料显示,早在公元前 7 世纪到前 6 世纪初,希腊器物就已出现在涅米罗夫(Nemirov)、基辅—切尔卡瑟(Kiev-Cherkassk)、沃尔斯

---

〔1〕http://en.wikipedia.org/wiki/File:Ancient_Greek_Colonies_of_N_Black_Sea.png 2011 年 2 月 14 日查阅。

图 4 - 1　古代黑海北岸希腊城邦图

克拉、波苏尔斯基(Posul'skiy)和顿涅茨克(Donetsk)北部的森林草原
地带以及克里米亚的草原上。但这些器物难以证明当时在奥尔比亚
与斯基泰之间就存在成熟的贸易。它们也许只是偶然交易的货物。不
过即使如此,这种交易仍有价值。它确立了一些贸易路线,如自贝雷赞
到涅米罗夫的南布格河商路,这为后来的经济交往提供了便利。

　　公元前550—前525年间,随着奥尔比亚城邦自身的发展,加上斯
基泰政治体的稳定发育,两者的贸易和经济交往日趋完善,常态毕现。
作为货物集散地、贸易中转站,奥尔比亚向爱奥尼亚母邦采购了许多
自己不能生产的商品,如精美的餐具、金属器皿、精致的武器、珠宝和装
在双耳瓶的葡萄酒,转而出售给内陆斯基泰人等部族。而后随着奥尔
比亚自身手工业的发展,它也开始向斯基泰人直接提供商品,如青铜
镜和青铜镞等。这些器物大多装船,然后沿着第聂伯河和南布格河运
往内陆,其间方向有三。其一,溯南布格河而上,沿途向周邻地区扩散,
直到上游涅米罗夫附近。其二,溯因古列茨河、第聂伯河而上,期间货
物会在诸多渡口登岸,深入草原地区,直到溯航终点基辅——切尔卡
瑟地区,然后由此弃舟登岸,往东沿沃尔斯克拉等支流的森林草原地

区延伸。其中,货物会在这些森林草原地带某处再行集散,最后到达森林草原诸部之手。其三,从奥尔比亚出发,渡过第聂伯河穿越草原,到达亚速海。然而由于缺乏资料,我们很难对这些奥尔比亚输入的器物进行定性定量分析,这里仅选取葡萄酒和铜镜等青铜器来展开适当分析。

希罗多德数度提到斯基泰人饮酒。在谈到斯基泰人的好战习俗时,希罗多德提到,斯基泰人的每个地区官员每年都会在混酒钵内用水调酒来宴请那些杀敌立功的战士;[1]在描述斯基泰人同别人举行誓约歃血为盟时,希罗多德也曾提到,斯基泰人会把酒倾倒在一个陶碗里,然后混以人血,放入刀、箭、斧、枪,调成血酒。[2] 希罗多德在这两处所提到的酒很有可能是从希腊殖民者那里输入的酒,因为游牧民自酿的马奶酒是一种低度蒸馏酒,饮用时无需掺水,而希腊人所饮用的葡萄酒则一般要兑水饮用。如果确定这些酒为葡萄酒,那酒的来源应该很明显,即通过交易从希腊殖民者那里输入的。葡萄酒一般装在双耳瓶里,今天在公元前 6 和前 5 世纪的斯基泰坟墓里发现的许多双耳瓶,大都是用来盛葡萄酒的。通过对双耳瓶的考古研究可以确定:在公元前 6 和前 5 世纪斯基泰人与奥尔比亚人的贸易交往中,葡萄酒是一种大宗商品;斯基泰人所饮用的葡萄酒,大都是奥尔比亚从爱奥尼亚母邦采购的,其中米利都是最早的葡萄酒供应者,而开俄斯(Chios)则因其葡萄酒质地优良而成为最大的供应商,其他供应者则有萨莫斯(Samos)、克拉佐曼纳(Clazomenae)、列斯堡(Lesbos)等。不过,当时斯基泰人并不是黑海北岸最大的葡萄酒消费群体,最大的消费群体应该是森林草原诸部。在位于第聂伯河东侧支流沃尔斯克拉河中游的贝尔斯科耶(Belskoye),考古学者曾挖掘出大约 10 000 件古风—古典时期的希腊陶器碎片。由此可以想见,森林草原诸部的葡萄酒消费量是很惊人的。

---

[1]希罗多德:《历史》,王以铸译,第 290 页。
[2]希罗多德:《历史》,王以铸译,第 292 页。

铜镜在斯基泰人的生活中必不可少。每个斯基泰家庭的重要成员可能都有一面铜镜。在陪葬品中,它也不可或缺。通常,在陪葬的铜镜中,希腊风格的铜镜非常普遍,尤其是早期爱奥尼亚类型的铜镜曾广为流传。与斯基泰人的铜镜造型稍有不同,这些希腊铜镜皆有把手,把手上则为斯基泰人喜闻乐见的动物形象,如牡鹿、豹、山羊等。显然,制作铜镜的工匠充分考虑了斯基泰人的口味。铜镜的分布范围甚广,但生产地点却非常集中。1948 年苏联考古队在奥尔比亚遗址中,发现了金属手工作坊的大量遗存,揭示出公元前 6、前 5 世纪斯基泰人使用的各类高档器皿,尤其是铜镜和陶器,应该是在此生产,然后销往斯基提亚的。[1] 除了铜镜,奥尔比亚也为斯基泰人提供其他青铜器具。在阿波斯托洛沃(Apostolove)附近的罗克帕纳(Rozkopana)古冢曾出土过一只大型青铜鍑,据信,它也是公元前 5 世纪末在奥尔比亚铸造的。

与希腊人向斯基泰人出售大量奢侈品和消费品不同,斯基泰人向希腊人提供的主要是初级农牧产品,如谷物、畜产品、皮毛、皮革及以人力形式出现的奴隶。由于公元前 6 世纪到前 5 世纪后半叶,斯基泰人主要从事游牧业,部分人群则半农半牧,还不可能向希腊人提供大量谷物。因此,斯基泰人当时向希腊人所能提供的产品,主要是自己生产以及在战争中获取的战利品,其中,奴隶很有可能是最大宗的商品。

在公元前 6 世纪和前 5 世纪,斯基泰人中间存在奴隶,如希罗多德提到搅动木桶制取马奶的瞎眼奴隶[2]。但因奴隶在畜牧经济中使用不便,容易逃走,斯基泰人并不需要大量的奴隶,希罗多德也提到,斯基泰人没有用钱购买奴隶的习惯[3]。与此同时,爱琴海的希腊各邦在家庭和制造业中则广泛使用奴隶,且需求量很大。由于存在奴隶市场的巨大需求,于是斯基泰人开始改变杀死战俘的传统做法,逐渐将从人烟稠密的森林草原地区劫掠而来的战俘卖给黑海北岸的希腊殖民城

---

〔1〕Tamara Talbot Rice, *The Scythians*(《期基泰人》), London: Thames and Hudson, 1957, p. 142.

〔2〕希罗多德:《历史》,王以铸译,第 265 页。

〔3〕希罗多德:《历史》,王以铸译,第 293 页。

邦。而后,希腊殖民城邦将这些奴隶装船运往爱琴海地区出售。依现今材料看,巴尔干各希腊城邦都曾提到过斯基提亚出身的奴隶,这或许说明斯基泰奴隶的行销范围后已很广,其主要的去向可能是雅典和开俄斯这两个城邦。

早在公元前6世纪,斯基泰奴隶已经出现在希腊本土,阿提卡陶器上油漆匠中诸如科尔霍斯(Kolchos)和斯库萨斯(Skythas)的人名,或许可以反映这一点。公元前5世纪,波斯战争之后,进入阿提卡的斯基泰奴隶的数量较大。在一个属于外邦人科菲索多洛斯(Kephisodoros)的存货清单中提到,一个斯基泰奴隶的售价是144德拉克马(Drachm)。雅典还有可能武装过一支斯基泰人奴隶作为警察来维持公共治安,其身影不时出现在当时的戏剧中。当然,这些所谓的"斯基泰人奴隶"并不是纯粹的斯基泰人,而是斯基泰人从其他各族中掳掠而来的战俘,只不过爱琴海的希腊人习惯称之为"斯基泰人"罢了。

作为公元前6世纪和前5世纪上半叶黑海北岸葡萄酒主要供应地的开俄斯,可能也曾吸纳了不少来自斯基提亚土地上的奴隶。很有可能是奥尔比亚人将斯基泰人俘获的战俘运往开俄斯的奴隶市场,作为交换接受了大量葡萄酒和橄榄油[1]。我们有理由相信,修昔底德笔下开俄斯拥有的诸多奴隶中,来自斯基提亚的奴隶当有一席之地。

在公元前6世纪和前5世纪上半叶,黑海北岸的希腊殖民城市自身拥有的奴隶规模尚且不大。当时奴隶仅在家庭劳动上使用,在农业和畜牧业生产中使用较少。这一时期,奥尔比亚对奴隶的总体需求微不足道。然而随着公元前475年奥尔比亚城市建设高峰的到来,各种制造业蓬勃发展,急需奴隶[2],因此奥尔比亚开始从斯基泰人那里大

〔1〕Nadezhda Avksentyevna Gavrilyuk, "The Graeco-Scythian Slave-trade in the 6th and 5th Centuries BC"(《公元前6和公元前5世纪希腊斯基泰之间的奴隶贸易》), in *The Cauldron of Ariantas*, *Studies Presented to A. N. Sceglov on the Occasion of His 70th Birthday*, Pia Guldager Bilde, Jakob Munk Højte & Vladimir F. Stolba(eds.). Denmark: Aarhus University Press, 2003, p. 80.

〔2〕Nadezhda Avksentyevna Gavrilyuk, "The Graeco-Scythian Slave-trade in the 6th and 5th Centuries BC", in *The Cauldron of Ariantas*, *Studies Presented to A. N. Sceglov on the Occasion of His 70th Birthday*, Pia Guldager Bilde, Jakob Munk Højte & Vladimir F. Stolba(eds.), p. 81.

量输入奴隶。

不过,奥尔比亚与斯基泰人的贸易虽发展很快,且进入一种常规状态,但总体而言奥尔比亚和斯基泰世界的经贸规模依然有限。还以奴隶为例。在公元前5世纪阿提卡的外族奴隶中,在36个奴隶中,来自斯基提亚的奴隶只占3名。[1] 这些奴隶身上的部落名称和奴隶种族身份之间的对应关系,有时并不一致。爱琴海的希腊人固然用"斯基泰人"来称呼这些来自斯基提亚的奴隶,但这些种族名称也时常用来为希腊人、城邦公民以及奴隶命名[2]。因此这种贸易对奥尔比亚并不具备压倒性的优势,对于斯基泰人来说亦复如此。

考虑到奥尔比亚只是一个城邦,因此其与斯基泰人之间的经贸规模有限是可以理解的。但即使如此,与斯基泰人的贸易往来对它自身的影响也很大。正是依赖于这种双边贸易,奥尔比亚才获取了稳定的原材料和广阔的市场。譬如,它甚至利用当时斯基泰人活动中心在第聂伯河至顿河之间的草原,对第聂伯河至德涅斯特河之间依附于斯基泰人的许多部落,控制松散,仅满足于向其征收贡赋的形势,在开发黑海西北岸、开发南布格河和第聂伯河下游过程中,和近邻的卡里披达伊人、阿拉佐涅斯人、农耕斯基泰人、农民斯基泰人等部自由交往,组成了一个松散的经济共同体。不仅如此,借助斯基泰人的力量,奥尔比亚还与斯基泰外围的森林草原诸部发生贸易交往,与东方的民族也有贸易联系。于是,出现了一条以奥尔比亚为起点的丝绸之路。这将在下文详述。

事实上,这种贸易是一种双赢机制。罗斯托夫采夫在《南俄的伊朗人和希腊人》一书中曾多次提到,如同小亚希腊城邦的存在和繁荣

---

〔1〕Timonthy Taylor, "Believing the Ancients: Quantitative and Qualitative Dimensions of Slavery and the Slave Trade in Later Prehistoric Eurasia"(《相信古人:晚期史前欧洲奴隶制和奴隶贸易的数量和质量》), in *World Archaeology*(《世界考古学》), Vol. 33, No. 1, The Archaeology of Slavery (Jun., 2001), pp. 27 – 43.

〔2〕Gocha R. Tsetskhladze, "Greek Colonization of the Black Sea Area: Stages, Models, and Native Population"(《希腊对黑海地区的殖民:阶段、模式和土著居民》), in *The Greek Colonization of the Black Sea Area: Historical Interpretation of Archaeology*(《希腊对黑海地区的殖民:对考古的历史解释》), Gocha R. Tsetskhladze (ed.), Stuttgart: Steiner, 1998, p. 66.

是因为背后有强大的帝国——吕底亚和波斯支持,黑海北岸希腊城邦的存在和繁荣,也有赖于强大的斯基泰王国。[1] 其实这是一种双赢机制。希腊人离不开斯基泰人,斯基泰人也离不开希腊人。正是因为和希腊人进行贸易,斯基泰人才获得了希腊人琳琅满目的精美商品,从而在坟墓里才会陪葬得如此丰富。

4.3.1.2 博斯普鲁斯王国与斯基泰人的贸易往来

公元前5世纪末,因为许多斯基泰人开始定居,从事农业、渔猎、手工业等辅助行业,经济上更加富裕,因此其与邻近希腊人的经济交往有了进一步发展的动力和条件。与此同时,由于爱琴海希腊城邦,尤其是雅典,在伯罗奔尼撒战争之后经济形势有了很大变化,迫切需要从外部输入谷物与多种初级产品。在这种形势下,黑海北岸斯基泰人与希腊人之间的贸易呈现出一些新变化。

首先,斯基泰人的主要交往对象发生了变更,由以前的奥尔比亚城邦变为此时的博斯普鲁斯王国。博斯普鲁斯王国,亦称辛梅里安博斯普鲁斯王国,地跨辛梅里安博斯普鲁斯海峡(今刻赤海峡)两岸,坐拥刻赤半岛和塔曼半岛,统辖潘蒂卡皮翁、尼姆法伊乌姆(Nymphaeum,位于今刻赤以南17公里处)、提奥多西亚(Theodosia,大约在今费奥多西亚一带)、赫耳墨纳萨(Hermonassa,今捷姆留克附近)、法纳格里亚(Phanagoria,约塔曼半岛顶端)、戈尔吉皮亚(Gorgippia,今阿纳帕)等众多希腊城邦。它于公元前480年成立,最初由阿尔凯安提德家族(Archaeanactidae)以僭主形式统治希腊殖民者和境内众多的蛮族——麦奥提亚人、辛德人、色雷斯人、陶里人。公元前438年,色雷斯族系的斯巴突西特家族(Spartocus)篡位夺权,将僭主政治转化成希腊化的君主政体,王国始渐强盛,在对外贸易中也一跃而起,成为斯基泰人主要的商品供应者和初级产品(主要是谷物)的收购者。通过经贸往来,博斯普鲁斯王国不仅深刻影响到邻近的克里米亚斯基泰人,还向黑海北

　　[1]M. Rostovtzeff, *Iranians & Greeks in South Russia*(《南俄的伊朗人和希腊人》), Oxford: The Clarendon Press, 1922, pp.12, 14.

岸草原腹地进一步渗透,并沿草原丝绸之路与东方游牧民族发展贸易。而此时,奥尔比亚虽然仍与斯基泰人有一些经贸往来,但影响范围大大缩小,仅限于第聂伯河下游地区。

其次,这一时期斯基泰人向希腊人提供的产品依然以初级产品为主,如谷物、畜产品、皮毛、皮革以及奴隶,但还增加了一些产品,主要是铁、青铜等金属。考古学家曾在第聂伯河下游希腊人的村落遗址中发现了铁、青铜和铅制成品,但没有发现这些成品生产的痕迹,甚至没有发现单独的矿渣和矿石。考古学家认为其可靠的解释是,希腊人与土著(斯基泰人)在铁的贸易方面已确立了经济联系,进口即可,无需生产[1]。因为当时斯基泰人主要的城镇——卡曼卡城镇存在成熟的冶金业,那里出土过重量相差无几的大量铁块,其中有切削的痕迹,考古学家们认为它们可能被制成铁块出售[2]。这可以证明斯基泰人与希腊人之间在铁块方面存在一定的交易可能。

不仅如此,这一时期斯基泰人畜产品、皮革和谷物的输出量也大大增加。因为当时气候湿润,水草丰美,斯基泰人饲养的主要是大型草食性动物牛和马,数量不少,因而斯基泰人可能会输出一些牛马,还有皮革。在这方面,希腊人,尤其是爱琴海和巴尔干地区的希腊人可能就是其贸易对象,不过缺乏直接的文献资料予以证明。考虑到当时巴尔干和爱琴海地区的畜牧业状况,这是可能的。因为从马匹质量来看,当时巴尔干爱琴海地区生产的马匹,质量应该逊于斯基泰人的马匹,否则马其顿国王腓力二世不会计划带着 20 000 匹俘获的斯基泰母马回去培育新品种;皮革也可能为爱琴海希腊人所喜好,因为巴尔干地区牲畜短缺,皮革是稀有商品[3]。不过,它们在斯基泰人输出的货物中所占比重不大,谷物才是当时斯基泰人,尤其是克里米亚的斯基泰人

---

〔1〕Valeria Bylkova, "The Lower Dnieper Region as An Area of Greek/Barbarian Interaction"(《作为希腊/蛮族交往地带的第聂伯河下游地区》), in *Scythians and Greeks: Cultural Interactions in Scythia, Athens and the Early Roman Empire(sixth century BC—first century AD)*, p. 137.

〔2〕Renate Rolle, *The World of the Scythians*, p. 121.

〔3〕莱斯莉·阿德金斯、罗伊·阿德金斯:《探寻古希腊文明》,张强译,商务印书馆 2010 年版,第 333 页。

向希腊人输出的主要货物。

在斯特拉波眼中,克里米亚除了山区,其余土地平坦肥沃,小麦产量高,用任何工具播种都可以收获种子的 30 倍;在那里种植小麦的人被称为农民[1]。毫无疑问,在此种植小麦的主要是斯基泰人中改营农耕的那批人。在斯基泰贵族的主导下,这些农民很可能将剩余谷物大都卖给博斯普鲁斯王国,而博斯普鲁斯王国则又转售给爱琴海的希腊人,尤其是雅典。在公元前 4 世纪后期,德摩斯梯尼曾提到每年大约有 4 000 000 墨狄姆诺斯(Medimnus,约 16000 吨)谷物由博斯普鲁斯王国运往雅典[2]。这其中相当的谷物或许是由斯基泰人提供的,而且博斯普鲁斯王国起运的港口是提奥多西亚。斯特拉波曾提到,博斯普鲁斯国王琉康一世(Leucon I)曾经提奥多西亚一次即向雅典输送谷物达 210 万墨狄姆诺斯[3]。提奥多西亚与克里米亚斯基泰人毗邻,古希腊作家有时甚至认为它是一个坐落在斯基泰人土地上的城邦。博斯普鲁斯王国之所以为争夺提奥多西亚不遗余力,除了看重其港口之外,相当程度上也是看重了这里靠近斯基泰谷物产地的优势。因此我们或许可以相信,博斯普鲁斯王国由提奥多西亚运往雅典的谷物,相当程度上来源于斯基泰人。当然,这还不包括博斯普鲁斯王国销往爱琴海其他希腊城邦的谷物。

再次,这一时期黑海北岸希腊人向斯基泰人提供的主要是葡萄酒、陶器、武器、马具以及不同种类的青铜、金、银、玻璃和骨制品。其中,葡萄酒最多。这主要是从盛放葡萄酒的容器——双耳瓶的数目体现出来的。在卡曼卡古城,双耳瓶的碎片占陶器总量的 66.3%,在其他城镇则在 53%—60% 之间,在未设防的村落中则占 20%—30%。除此,双耳瓶及其碎片在斯基泰人的坟墓中也被大量发现。它们是在葬礼宴会上使用的。通过对这些双耳瓶的研究,考古学家发现,斯基泰人

---

〔1〕Strabo, *The Geography of Strabo*, VII. pp. 4,6.

〔2〕Demosthenes, "Against Leptines"(《反勒普廷斯》), in Demosthenes, *Orations*(《演说辞》), Vol. 1, Loeb Classical Library, Cambridge, MA: Harvard University Press, 1930, pp. 20,30 - 33.

〔3〕Strabo, *The Geography of Strabo*, VII. pp. 4,6.

饮用的葡萄酒种类和希罗多德时期已有不同,产自米利都、克拉佐曼纳、萨摩斯的葡萄酒消失了,而来自爱琴海及黑海沿岸的生产中心的多了起来。如在草原深处,斯基泰人饮用的是塔索斯(Thassos)和赫拉克利亚(Heraclea)的葡萄酒。在斯基泰贵族的墓葬中,陪葬的则是曼德(Mende)和佩帕勒苏斯(Peparethus)的葡萄酒,它们比较昂贵。而卡曼卡的居民则大都饮用塔索斯、曼德、佩帕勒苏斯、赫拉克莱亚和少量开俄斯的葡萄酒。在公元前4世纪后半叶,出现了来自西诺普、罗德岛和科林斯的葡萄酒。在公元前4世纪末则添加了科尔松涅斯、科斯(Cos)、博斯普鲁斯和其他未确定的生产中心。[1] 显然,这些来自爱琴海和黑海各地的葡萄酒由黑海北岸的希腊城邦转手,经由水路运到斯基泰人的土地上,而饮用葡萄酒之风在斯基泰人中的流通,则有赖于城镇和村落生活的兴盛。从这些资料来看,斯基泰人和希腊人的葡萄酒贸易在公元前4世纪非常繁盛,反映了当时黑海北岸希腊城邦经济的发展水平较高,对外贸易活跃,也体现了斯基泰人的繁荣。此外,希腊人生产的陶器因外观别致,经久耐用,也为斯基泰人所喜爱。这一时期,因为开始定居,斯基泰人大都引进希腊人的陶器作为餐具。于是,希腊人的调酒器、黑釉饮器、基里克斯陶杯等也都频频出现在斯基泰人的村落和城镇中,有时也被当做陪葬品。

除了向斯基泰人提供大量转手来的葡萄酒和陶器外,博斯普鲁斯王国的希腊人按照斯基泰人的要求,还为他们制作了大量武器、马具和不同种类的青铜、金、银、玻璃和骨制品。这一时期,黑海北岸草原斯基泰墓葬的金属浮雕、饰板和各类饰品,大都出自博斯普鲁斯王国工匠之手。在希腊物品行销草原的同时,希腊元素也开始全面渗入斯基泰人传统的艺术,形成了希腊—斯基泰风格的融汇艺术。

4.3.2 斯基泰贸易之路

希腊人和斯基泰人各种近程与中程贸易的开展,还带动了远程贸

[1]Nadezhda Avksentyevna Gavrilyuk, "Greek Imports in Scythia"(《斯基提亚的希腊输入品》), in *Ancient Greek Colonies in the Black Sea* [2](《黑海的古希腊殖民地》[2]), Vol.1, pp.641-649.

易的发展。于是草原丝绸之路——斯基泰贸易之路就出现了。关于这条商路,我国学者多有论述[1],本文现对其西段的历史状况略作补充。

这条贸易路线可能在公元前 7 世纪即已出现。当时一位出生在马尔马拉海普洛孔涅索斯岛(Proconnesus)的名叫阿利司铁阿斯的希腊人,为了寻找阿波罗喜爱的"希坡博里安人"(意为"北风以外的人"),可能沿着这条商路前行,最后抵达一个遥远的寒冷的高峻不可逾越的山区,归后写成《阿里玛斯波伊》(《独目巨人》)长诗。

希罗多德在游历黑海沿岸的希腊殖民地时,走访了那里的希腊人和斯基泰人。之后,结合阿里斯铁阿斯的长诗,他大致描绘了这段草原之路的行程。这段路程上,族群众多,凡希罗多德所提民族处所,皆是丝绸之路必经之地。结合地形,希罗多德描述了路线的走向、各地的地形植被及土著族群,他先后提到奥尔比亚、撒乌罗玛泰伊人、布迪诺伊人、盖洛诺斯人、杜撒该塔伊人、玉儿卡依人、谋叛王族斯基泰人的斯基泰人、阿尔吉派欧伊人、伊赛多涅斯人、格律普斯等城邦和部族。现在学者根据这些描述,对照自然地理,大致确定了两条路线:一是从奥尔比亚出发,上溯第聂伯河到达中游,然后弃舟登岸,沿森林草原地带东行,经伏尔加河—顿河分水岭,穿越乌拉尔山,向东延伸至亚洲腹地,直到阿尔泰山脚下。另外一条路与上一条路只是起步阶段不同,它从顿河河口处出发,上溯至伏尔加河—顿河分水岭,之后就与上一条路重合。

按照希罗多德的说法,黑海北岸的希腊城邦尤其是奥尔比亚与斯基泰人经常沿此路前往东方:

> 因此,直到这些秃头者所居住的地方,这一带土地以及居住在他们这边的民族,我们是知道得很清楚的。因为在斯基泰人当中,有一些人曾到他们那里去过,从这些人那里是不难打听到一

---

〔1〕黄时鉴:《希罗多德笔下的欧亚草原居民与丝绸之路的开辟》,收入《内陆亚洲历史文化研究——韩儒林先生纪念文集》,南京大学出版社 1996 年版;莫任南:《从〈穆天子传〉和希罗多德〈历史〉看春秋战国时期的中西交通》,收入《西北史地》1984 年第 4 期;孙培良:《斯基泰贸易之路和古代中亚的传说》,收入《中外关系史论丛》(第 1 辑),新知识出版社 1985 年版;余太山:《希罗多德〈历史〉关于草原之路的记载》,收入《早期丝绸之路文献研究》,上海人民出版社 2009 年版。

·欧·亚·历·史·文·化·文·库·

些事情。从包律斯铁涅司商埠和黑海其他商埠的希腊人那里也可以打听到一些事情。到他们那里去的斯基泰人和当地人是借着七名同译,通过七种语言来打交道的。[1]

不过,希罗多德没有提到奥尔比亚人与斯基泰人到底与东方这些民族是做何种生意的。依现今学者估计,希腊人和斯基泰人是做黄金、毛皮也许还有大黄的生意,因为阿尔泰地区盛产黄金和毛皮。此外,还有可能是为了获取丝绸,这得到了公元前 5 世纪克尔松和雅典考古资料的证明。而出于对等交换的需要,奥尔比亚人主要输出镜子、盐和葡萄酒以及十字形的笼头/马缰装饰品等货物。考古资料显示,在顿河、伏尔加河和乌拉尔山地区曾出土过许多奥尔比亚制造的器物。如在沃罗涅日(Voronezh)地区,就曾发现了大量希腊式陶瓶以及其他一些希腊本土或奥尔尼亚生产的手工制品。在乌拉尔山以东,源自奥尔比亚的器物出土较少,但在西西伯利亚也有发现,甚至在更遥远的准噶尔都曾出土过公元前 4 世纪奥尔比亚铸造的货币。因此,前苏联学者格拉科夫认为这条路在公元前 4 世纪之前非常重要,但在此之后它依然兴盛。

不过,公元前 4 世纪之后参与丝绸之路的主要是来自博斯普鲁斯王国的希腊商人。在沃罗涅日地区,在公元前 4、前 3 世纪的墓中,奥尔比亚出产的希腊式制品已不复出现,取而代之的是博斯普鲁斯王国生产的器物,其中许多是按照斯基泰动物风格艺术制作的"饰品"。在东方,准噶尔山口,考古学家也曾发现博斯普鲁斯王国在公元前 300 年铸造的 16 枚钱币,证明当时博斯普鲁斯王国的货物行销远之中亚腹地。

很有可能,为了向远道而来的亚洲牧人互市,博斯普鲁斯王国在顿河河口建立了一个殖民地塔纳伊斯(Tanais)。对这个殖民地,斯特拉波曾予以详细描述:

> 濒临河流与湖泊的是一个有着同样名字,有人居住的城市塔

---

[1]希罗多德:《历史》,王以铸译,第 275 页。

纳伊斯。它由占据博斯普鲁斯的希腊人建立……它是一个普通的商业中心,部分的由亚洲和欧洲的游牧者,部分的由博斯普鲁斯驶进湖泊的希腊人建立,前者带来了奴隶、皮革和其他一些游牧人拥有的东西,后者则提供用来交换的衣服、酒和其他一些属于文明生活的东西。[1]

显然,在斯特拉波笔下,不仅仅是博斯普鲁斯王国的希腊行商远涉中亚,与当地民族交易;来自中亚的游牧民族也不时趋至博斯普鲁斯王国的商埠,与之互市。

总之,上古欧亚大陆丝绸之路的西段之开启兴旺实有赖于希腊人和斯基泰人。正是他们之间活跃的中近程贸易,才为联结欧亚的远程商路——斯基泰之路提供了地区性的动力和坚实的货物基础。

〔1〕Peter Bogucki, Pam J. Crabtree, *Ancient Europe 8000 B. C. —A. D. 1000*; *Encyclopedia of the Barbarian World II*(《公元前 8000 年到公元 1000 年的古代欧洲:蛮族世界百科全书》Ⅱ), New York: Charles Scribner's Sons, 2004, p. 294.

·欧·亚·历·史·文·化·文·库·

5　斯基泰人的坟墓——库尔干

在 19 世纪,站在黑海北岸草原上,有时你能看见许多土堆,数十成百,兀立在草原上。它们一般都很庞大,有的有 3 层楼那么高,底座直径达 100 多米。通常,它们按组排列,状如圆圈,中间一个颇为高大,四周的则矮小一些(见图 5 – 1[1])。它们不是别的,正是斯基泰人的典型坟墓——库尔干(Kurgan)。

图 5 – 1　一个库尔干墓群

库尔干,原本是个俄语词汇——Курган,在突厥语中和俄语中意为"坟冢"。而在乌克兰语中,库尔干则因其轮廓酷似山丘,遂径直以小山为名,被称为 могила(Mogila,意思是"小山")。在黑海北岸,人死后葬入坟墓的习俗是在公元前 3500 年半游牧的库尔干文化出现之后形成的。斯基泰人兴起之后,沿袭了这种丧葬传统,并将之发扬光大。一方面,斯基泰人的库尔干,尤其是王族的库尔干,其坟墩非常高大,在茫茫草原上鹤立鸡群,数里之外犹能看到。由于其外形显著,从其出现伊始,这些库尔干可能就身兼两任,既是草原上的地标,又是防御的场所。近代以来,在开发南俄的历史潮流中,这些库尔干悉数被发掘,所幸外

---

〔1〕Renate Rolle, *The World of the Scythians*, p. 19.

形轮廓仍在,在空中依然清晰可辨。

不仅如此,另一方面,这些库尔干中的陪葬品丰富,主要有兵器、马具和动物风格艺术品,合称斯基泰三要素。斯基泰人无文字,其他文献资料也不丰富。现今研究斯基泰人,主要依据这些器物。由此言之,存放这些器物的场所——库尔干无疑是斯基泰物质文化的主要载体。因此,从这些库尔干的时空分布、葬品多寡和葬仪变化,可以一窥斯基泰人的兴衰沉浮、历史走向和与外联系。

目前所知,斯基泰人的库尔干总数大约有 3000 座,在不同时期其数目有所变化。早期斯基泰时期,在黑海北岸地区,库尔干数目较少,总共仅有 39 个。当时,库尔干大多分布在顿河西岸从塔甘罗格到梅德韦季察河(Medveditsa)与顿河交汇的地域上。顿涅茨—克拉马托尔斯克地区、基洛夫格勒附近的森林草原地带也有少量库尔干分布。与此相比,北高加索地区此时的斯基泰遗址较多,目前大概有 106 处。单就库尔干而言,库班地区有 30 座,斯塔夫罗波尔地区则有 20 座,比较著名的有克列尔梅斯、科斯特罗姆斯卡雅、乌尔斯基、诺沃扎耶登诺耶、乌斯特—涅文斯基、纳尔坦等库尔干。

绝大多数库尔干,数目超过 2000 座,于公元前 4 世纪出现在黑海北岸。当时,它们主要分布在尼科波尔周围的第聂伯河流域以及刻赤半岛上。其中,著名的有坐落在亚历山大罗波尔、科泽尔、奥古兹和车尔托姆利克的库尔干。这一时期,库尔干不仅数量多,而且规模大,构造复杂,葬品精美丰富。

随着公元前 3 世纪大斯基提亚的瓦解,斯基泰人的丧葬习俗随之改变,库尔干也因而消失。

5.1 丧葬与坟墓:
希罗多德笔下斯基泰民众与国王的丧葬习俗

在了解斯基泰人库尔干之前,我们先了解一下斯基泰民众与国王的丧葬习俗。在这方面,希罗多德曾有过详细的描述。

5.1.1　葬礼程序

5.1.1.1　下葬前后

希罗多德说,普通斯基泰人死后,一般过 40 天才下葬。期间,死者的亲近族人会用车拉着尸体,遍访故旧亲朋。而亲朋故旧会依次款待死者的亲人,向死者献祭,并给死者随行族人以相同的物品。[1]

斯基泰国王死后,丧礼程序也是如此,不过极为豪奢。首先,尸体要进行防腐处理。斯基泰人会在尸体表面涂上一层蜡,将腹部切开洗净,装上切碎的高良姜、香料、洋芫荽和大茴香的种子,后再原样缝上。然后,斯基泰人会用马车驮着国王尸体巡游下属的各个部落。每到一个部落,那些部落的人会以毁面这种习俗来表达悲伤,具体来说即割掉耳朵的一部分、剃头、刺伤臂部、切伤前额和鼻子,并用箭刺穿左手。如此巡游一圈之后,便到达斯基泰历届国王的墓地——盖罗司。在那里,人们已经事先挖好了一个方形的墓穴。

之后,便是下葬。他们会把尸体置于草床,放入墓中。接着,便在尸体的两侧插上两列长枪,上面搭上木片,木片上再覆盖细枝编成的席子。然后,他们会杀人献祭。国王的一个嫔妃、行觞官、厨夫、厩夫、侍臣、传信官会被杀死陪葬。在葬品方面,斯基泰人则陪葬马匹,还有各种黄金做成的器物。

诸事已毕,斯基泰人便共同修造一个大冢,力求把它建造得尽可能大。[2]

5.1.1.2　周年祭:50 匹马、50 个青年

依希罗多德所记,斯基泰国王死后一周年,照例要举行祭祀,主要是选出 50 个国王最亲信的青年侍臣和 50 匹最好的马作为牺牲。[3]

首先,要先将人和马的内脏掏出洗净,然后装满谷壳再缝合。之后,他们会在库尔干四周打许多木桩,每 2 个一对,4 个一组,每组配一个车轮。对这个车轮,他们会把它一分为二,各将半个轮缘安放在一对

---

〔1〕希罗多德:《历史》,王以铸译,第 293 页。

〔2〕希罗多德:《历史》,王以铸译,第 292 页。

〔3〕希罗多德:《历史》,王以铸译,第 293 页。

木桩上的凹槽处。之后,他们会用大木棍从马的尾部一直横穿到马的颈部,再把木棍架到车轮上面。结果是这么一幅图景,即前面的车轮支撑着马的肩部,后面的车轮则在马的后腿处支撑着马的腹部,而马的4条腿则悬在半空中。此外,每匹马嘴里都塞有一个马衔,配有一副缰绳,缰绳系在前面的木橛子上。

之后,则用用一个木棍沿着青年侍臣的脊椎从后部一直穿到颈部,从身体后部出来的棍子则插到横贯马体的那个木棍上的一个孔里。

最后,这些献祭的人和马匹就以战士骑马的姿势安置在库尔干的四周。

5.1.2 对希罗多德所记斯基泰葬礼的评估

总而言之,根据其他游牧民族记载和考古发现来看,希罗多德所记斯基泰人的王族葬礼大都比较准确。第聂伯河下游地区那些高大豪奢的库尔干都可以为证。在那里,方形墓室、高耸的墓冢、青年侍者和马匹、酒器和陪葬品等记载中的丧葬现象都出现了。目前,在第聂伯河下游的库尔干中,尚未发现给国王尸体涂蜡的证据,但在斯基泰人东部亲族的墓葬遗址如巴泽雷克库尔干中,不乏这种证据。

经过推理,希罗多德所言斯基泰人死者尸体在斯基提亚全境巡游40天的描述也不无可能。一般来说,40天停葬期在所有印欧民族的葬俗中都非常重要。根据印欧传统民间信仰的观念,人死后40天,灵魂才开始离开尸体,盘旋,接着离开死者的土地。对古代和中世纪的某些民族来说,这发生在死亡之后30天或40天(对东欧民族来说,主要是40天)。这一观念现今在东欧基督教中仍然非常流行。与这些古代民族有关的文献资料显示,死者在那一期间依然被视为一个"活着的尸体",他依然对他的所有物拥有管理权,也被认为仍有性交能力,他的婚姻在这一时刻依然有效。只有40天之后,这个活着的尸体变成一个"活着的死者"。根据这种信仰,斯基泰人在绝对意义上没有死亡。从希罗多德那里,我们看见斯基泰人无论是普通人,还是王族都是严格遵守这40天的停葬期的。[1] 至于髡面习俗,可以认为是一种哀悼和有限的自我献祭行为,象征着以身相殉,陪主人去来世。

不过,需要指出的是,希罗多德所说周年祭时盛大规模的献牲在黑海北岸并不多见,这一点倒是和早期斯基泰时代北高加索斯基泰人的王族库尔干非常吻合。在早期斯基泰时代,北高加索王族库尔干的一个显著特征就是马祭。在某些库尔干里,常发现16或24匹马。在这一方面,乌尔斯基库尔干最为突出。它高15米,含有400多具马匹的遗骸。其坟墓构造布局、陪葬器物,一如希罗多德所述。最重要的是,这个库尔干显示,葬礼一年之后,50个斯基泰青年男子被杀死,尸体被穿刺安放在坟墓上部周围被屠杀的马匹尸体上。很有可能,这葬礼以其奢侈豪华而在斯基泰人中流传甚广,声名远播,千里之外的奥尔比亚人也不乏知晓之人。正是在奥尔比亚,公元前5世纪中叶造访此地的希罗多德闻听此事,印象深刻,将之写进了《历史》。

5.2　考古视野下的斯基泰古冢——库尔干

在历史上,斯基泰人的坟墓千差万别,并无统一的样式。在坟墓结构和葬仪上,不同地区有所不同。就是同一地区,随时间的流逝,新种族的迁入,墓葬和葬仪也不无变革。同样,不同的社会阶层之间亦有差别。

总体的演变趋势是,在早期斯基泰时代,斯基泰人典型的库尔干是一个方形竖井,上面覆以封土。到晚期斯基泰时代,"壁龛"或"洞室墓"之类的库尔干则比较常见。通常做法是挖一竖井,在其一侧掘出一个墓室。很有可能,这是由新近自伏尔加河下游草原迁来的游牧民族在公元前5世纪带来的独特葬俗。此外,许多封土下的坟墓,尤其是装饰豪华的王族墓葬,位于一个独特的木椁内,而这木椁或在地面上,或置放在一个巨大的竖穴里。同时,希腊城邦附近的那些库尔干,其内

---

〔1〕Renate Rolle, *The World of the Scythians*, p. 27.

部构造则常取法于博斯普鲁斯王国的希腊人,显得精巧雅致,希腊韵味浓厚。

限于篇幅,本节不拟全面描述斯基泰人的库尔干,仅对其中的主要类型——洞室墓择要叙述。

5.2.1 洞室墓的结构

5.2.1.1 内部构造

从公元前5世纪开始,黑海北岸斯基泰草原上典型的坟墓是"洞室墓"。洞室墓的基本结构原则,就在于他们挖掘墓室的方式五花八门。根据奥尔霍夫斯基(Olkhovsky)的研究,在公元前6—前3世纪的斯基提亚草原上有10种类型的地下墓穴结构。建造步骤通常是,首先清理下葬地点的草地,然后挖掘一个坡道,到一定深度之后,则在坡道一侧穴壁上挖一个走廊或短过道,进而再掘一个洞穴一样的墓室(见图5-2[1])。

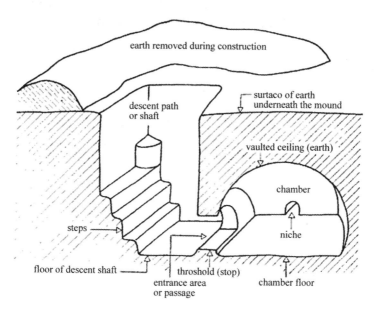

图5-2 一个洞室墓的横截面

---

〔1〕Renate Rolle, *The World of the Scythians*, p.21.

这里库尔干的坡道其实是一个竖井,深入地下约 10—15 米。为了方便进出,通常于坡道上下,设置台阶。这样一来,死者及所有为来世准备的物品都可以借此通过人力运达底部墓室。地下的走廊或短过道有时很长,像隧道,可达 30 米,分成数段;有时则很短,仅充当一个墓室的入口。墓室通常呈圆形或方形,较为宽敞。依其墓壁,往往还掘有壁龛,以放杂物。一般来说,一个库尔干下面只有一个墓室,但有些库尔干下有数个墓室,其中一个为主墓室,其他皆为次墓室。[1]

斯基泰人之所以敢在地下挖掘一个如此大的空间,是因为黑海北岸土壤多为坚韧的黄土和黑土。而黄土和黑土直立性较好,可以支撑一个墓室,即便这个墓室很大。有学者做过研究,如果是一个国王或王子之墓,数吨泥土,有时甚至多达 400 立方米的泥土会被挖出运走,可见其墓室之大,黄土和黑土支撑能力之强。

当葬礼结束之后,坟墓的坡道或竖井会被填上。停放尸体的墓室依然是空的,它仅仅被拆卸的葬礼用车(运送死者尸体或大部分装备的车)堵上。在竖井之上,盖上土或大型石块,然后在这之上再大量堆土,直到形成一个很大的封土堆。

这种安葬方式,意味着坟墓的竖井一旦被填塞,只有通过复杂器械,耗费大量时间才能再次打开。这对掌握现代考古技术的当今考古学家来说当然不是什么难事,但对于古人还是有一定困难的。然而,在两千多年前,斯基泰人也有能力办到。如果因为某种原因,斯基泰人希望将另一个尸体葬入已经封存的墓室,他们会挖掘第二个竖井,从底部挖隧道直到——幸运地来到最初的墓室。[2] 如此,他们不用扰乱初次丧葬,就可以安放后死之人的尸体。不过,斯基泰人很少在同一墓室多次葬人,这仅仅发生在公元前 4—前 3 世纪。

这一过程自然需要精确了解初次埋葬的地点,要求施工工匠在地下有良好的方向感。或许斯基泰人在地下确定方向的方法和某些盗

---

〔1〕Renate Rolle, *The World of the Scythians*, p. 22.

〔2〕Renate Rolle, *The World of the Scythians*, p. 22.

墓贼在地下挖隧道盗墓的方式大致相似。然而,它们的重要性长期一直不为考古学家所知,尤其是当考古学家面对某些大型的库尔干时。因为那里除了中央主墓,还有许多次要坟墓,墓室之间的方向本身就有点复杂,再让考古学家辨别斯基泰人是如何确定方向的则更是困难重重。近些年,考古学家在挖掘过程中对土壤样本和古代施工痕迹详细分析,也已发现了一些真相。[1]

5.2.1.2 封土——草皮堆砌的小山

竖立一个封土堆,是一项有组织的活动,饱含社会规则。通常,斯基泰人不同社会阶层的成员,其库尔干的封土高度及在墓地所处位置是不同的。一般而言,封土的高度和死者的社会地位或阶层密切相关,一定的地位对应一定的高度,身份地位愈高的人,其封土则愈高。而且,不同身份的人在库尔干墓地的位置是不一样的。在一组库尔干中会有一两个封土高耸,其他则依次按高度布于四周。因此,王族的库尔干毫无疑问都会很高大,现今那些王族库尔干虽历经风雨侵蚀,但封土一般仍有 14—21 米高,如亚历山大罗波尔高 21 米(见图 5 - 3[2]),车尔托姆利克高 19 米,奥古兹高 20 米、波西米亚—辛巴尔卡高 15 米,科泽尔高 14 米。不过,在某些情况下,并不起眼的封土堆下也不乏豪华的墓室、丰富精美的葬品。这可能是因为某些重要原因,没有矗立封土堆。或许是一次军事远征的原因,或许死者因为我们并不知晓的原因无权享受高大的封土。

黑海北岸草原上的斯基泰封土有一个非常突出的特征,即它们几乎全都由纯粹的黑土构成。如果库尔干周边的土地没有受到扰动,库尔干高大的封土墩从远方看恰如一座黑色的小山,非常显著,这是因为库尔干坐落之地大量的土壤被移走之后和周围的土壤颜色大不一样。相比之下,青铜时代的封土通常围绕着槽状的洼地;这说明他们的坟堆建造完全不同。

---

〔1〕Renate Rolle, *The World of the Scythians*, p. 22.

〔2〕Renate Rolle, *The World of the Scythians*, p. 20.

图 5 - 3　挖掘前的亚历山大罗波尔库尔干

在黑海北岸,黑色土仅代表一层相对较薄的上层土,通常有 0.8—1.2 米宽。一个高大的库尔干其封土总共需用 15000 立方米黑土。问题随之而来,即这些大量的土如果不是就近取材,那是从何而来呢? 在挖掘奥尔折尼基德泽(Ordzonikidze)的托尔斯塔雅莫吉拉(Tolstaya mogila)库尔干的过程中,一次偶然的机会,让学者们首次解开了这个让人费解的秘密。这个库尔干的土壤样品显示,封土所用的黑土含有一定量的锰,而这和 4 公里之外的土壤性质相吻合。这自然说明封土是从这相对较远的地方运来的。[1]

图 5 - 4　尼卡耶娃(Nečaeva)库尔干(黑海北岸现存最高的斯基泰库尔干)

显然,斯基泰人花费大量人力、物力来建造他们的坟墓。在没有铁锹,只有木锹的年代里,修建一个库尔干,从掘墓取土到取土填方竖立封土堆至少要用去数万人工。既然耗费这么多,但他们为什么还从这

---

〔1〕Renate Rolle, *The World of the Scythians*, p.32.

么远的地方运土？最近的分析提供了某种让人惊讶的答案。坟墓封土的结构，第一眼看上去很简单，仅是一个巨大的土堆。但究其实质，思索其建筑原理，我们会发现这"草原上的金字塔"其实是由草皮建成的。斯基泰人把它们一块摞到另一块上面，遂成一个很高的山丘。之所以现在变成黑土，是因为牧草腐烂之后成年日晒风吹的结果。不过，在封土堆的中心，这种草皮块块相摞的层状结构仍非常清晰。

　　显然，建造一个大型库尔干需要很多草皮。以奥尔折尼基德泽的托尔斯塔雅莫吉拉封土堆为例。它在建构过程中，至少使用了 15000 立方米的黑土，而这意味着使用的草皮（有 15 厘米厚）面积有 99000 立方米，或者说一块 315 米 × 315 米的草地。然而这只是中等规模的斯基泰王族库尔干，大型库尔干所用草皮数量肯定更多。对斯基泰人封土堆的进一步研究显示，草皮并不是随意选择的。土壤样品说明，草皮来自河湾滩地上的肥沃草地。这可能意味着牧草并不是武断选择的，必须精心挑选，遵循的原则是寻找一块茂盛的草地。近处没有时，有必要从远方运来。[1]

　　斯基泰人之所以用草皮来建封土堆，和他们死后的来世观有关。斯基泰人的葬仪无论是从他们死后观念来说，还是从其实际操作的程序来看，都是指向来世生活的。他们视死如视生，认为死亡不是生命的终结，只是一个人去了另一个世界。在那一世界，如果所处环境恰如今世，他还会继续生活。为此，斯基泰死者的亲族会在亡者的坟墓中，放入他的武器、日常用具和牲畜，制造出他生前的生活环境。作为牧人，仅有这些还不够，他自然需要另一个世界有牧场，而这也正是坟墓封土需要用草皮堆砌的原因。按照死者的社会地位、财产和声望，每个死者享用的象征性的牧草面积不一样。在古代，来世"天堂的牧场"的观念无疑非常罕见。于此，斯基泰人用草皮堆砌的封土堆可以和赫梯国王的坟墓相比。赫梯国王葬礼复杂，持续多天。在葬礼第八天，人们会在碑铭上刻下："啊，太阳神，请保证这片牧场是他的合法财产！且没

---

〔1〕Renate Rolle, *The World of the Scythians*, p.32.

81

欧·亚·历·史·文·化·文·库·

有人能从他手里夺走,或对其宣布合法权!且在这块草场上给他牧放牛、羊、马和驴"。之后臣民给死去国王带去许多牲畜和一块真正的草皮。借助魔法仪式的帮助,这些陪葬品都会被带去来世。[1]

5.2.1.3　墓顶石人

封土蠹立起来之后,一个库尔干还不算彻底完工,还有一系列辅助工作要做,如在封土堆底圈垒以一圈巨石,四周环以外墙,外墙四周挖有壕沟。其中,最重要的是要在封土堆的顶部立一个大型的石人雕像。

这种在坟墓上蠹立石人雕像,尊崇它们,并且给他们施以不可思议之能力的传统在欧亚草原上由来已久,流传极广。它最早发轫于新石器时代,一直持续到了中世纪晚期。目前在欧亚草原上,考古学家发现了数千座这种大型的原始雕像。它们大多加工粗糙,人像写意,简单的点线即可勾勒出人体轮廓,但雕像本身非常华丽,令人印象深刻。最出名的当属波洛伏齐人的众多石人雕像。波洛伏齐是一个游牧民族,于公元11到13世纪称雄黑海北岸草原。他们的石人雕像,通常刻画男人,还有拥有硕大乳房和肚子的女人,俄罗斯的俗语 Каменная баба (Kamennaya baba,意为"石头女人")就指这种雕像。[2]

斯基泰人的石人雕像高两米,大都是男性,典型代表是右手执牛角杯者,也有少量石人左手执杯。就其细部而言,石人往往携带武器,其身体的正面或侧面通常佩剑,武士形象非常鲜明。根据石人携带武器的方式,考古学家能够界定人物类型,确定相应的年代。就身体特征而言,他们的阴茎通常被特写;然其面部特征却只是予以简单素描,眼睛、嘴巴、髭须等粗略可识;大腿则几乎没有,或仅其上部可见(见图5－5[3])。当然,斯基泰石人并非仅有这一种形式,还有其他样式的石雕,比如以兹瓦诺夫克村石人为代表的石人,既雕刻有髭,同时也雕刻有双乳;还有梅斯克特石人,则雕刻出女性的双乳。总之,这些不同样式的石人一起组成了斯基泰石人文化的共同体。

---

〔1〕Renate Rolle, *The World of the Scythians*, p.32.

〔2〕Renate Rolle, *The World of the Scythians*, p.36.

〔3〕Renate Rolle, *The World of the Scythians*, p.36.

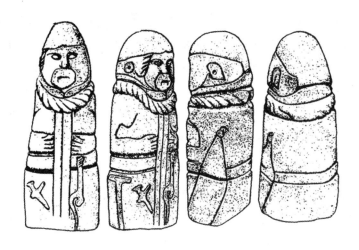

图5-5 斯基泰人的墓顶石人

现今,考古学家在黑海北岸发现了许多这样的石人雕像,但只有一个还原封不动地矗立在库尔干上,其他大多都倒卧下来,或跌落在封土堆的底座旁,或陷入封土中被掩埋起来,或被运走挪作他用,或被视为"异教徒的偶像崇拜"被粉碎。通常它们也被简单地置换,后来被换成另一个人像。

至于这些石像刻画的主人公是谁,有什么象征意义,学者们众说纷纭。格拉科夫认为斯基泰墓地石人表现的是英勇的牺牲者;叶拉金娜将石人与社会人物联系起来,并且等级化,指出石人雕刻的是带有王朝政权标志崇拜物的帝王形象;波波娃的研究,扩大了石人表现的人物范围,她认为石人代表的不是王,而是部落首领。虽然他们的解释各异,但基本含义相似,都认为石人代表着死者,至少他应该是一个英雄。[1]

在石人细部研究上,阿尔塔莫诺夫根据石人突出男性生殖器的特点,认为石人刻画的是斯基泰崇拜的英雄祖先——塔尔吉塔欧斯。梅柳科娃则注重研究斯基泰石人佩戴的短剑。她认为,剑在斯基泰社会中被视为战神的象征,而斯基泰石人表现的正是这个战神,它与希腊

---

[1]王博、祁小山:《丝绸之路:草原石人研究》,新疆人民出版社2010年版,第244页。

战神阿瑞斯相似。舒尔茨在研究过程中,注意将石人与遗迹结合起来研究,按时间、内容和用途三方面划分斯基泰石人。他认为早期石人表现的是佩戴武器的英雄始祖,着重强调男性的力量特征;而在晚期石人中,军事首领则代替祖先,且石人的雕刻风格逐渐趋向于肖像化,用来表现具体的个体。[1]

5.2.2 考古中所见斯基泰人葬式

不同于坟墓结构,斯基泰人的葬式并没有随着时间流逝发生很大变化。在公元前6世纪到前3世纪初,斯基泰人死者的丧葬姿势几乎没有变化,仍像斯基泰时代早期那样,仰身直肢,头朝向西或者西北,变化的朝向很少见。除此,也有一些斯基泰人实行火葬。

同样,考古学家们发现斯基泰人的库尔干群都是家族墓地,甚至同一个库尔干就埋葬了一个家族的多个成员。对此,托尔斯塔雅莫吉拉库尔干即可证明。在那个库尔干中,首要墓室属于一个贵族男性战士;稍后一个富裕的妇女,可能是他的妻子,被安葬在同一个库尔干里,殉葬的则有4个仆人;之后,一个孩子也被埋在同一个库尔干里。

5.2.3 陪葬品与盗墓

5.2.3.1 陪葬品

斯基泰人的库尔干中,陪葬品富有游牧民族特色。男性库尔干中一般有兵器、马具和动物风格艺术品,合称斯基泰三要素。具体来说,包括弓矢、矛、剑、匕首、鞘、战斧、头盔、马衔、马镳、笼头部件以及饰有动物纹样的饰板、金器、青铜器(如青铜鍑)。除此,贵族男性库尔干中还不乏殉人和殉马。女性坟墓则主要陪葬着首饰和少量劳动工具,例如,当时一个普通女性的坟墓里通常含有各种纺锤和小装饰品。个别女性坟墓里也葬有武器,尤其在公元前4世纪到前3世纪,当时大约有27%—29%的女性坟墓葬有武器。不过,不同社会阶层之间,除了墓室结构不同外,其陪葬品的种类与数量多寡也有较多差异。

在某些斯基泰坟墓里,几乎没有任何陪葬品出土,这表明埋葬于

---

〔1〕王博、祁小山:《丝绸之路:草原石人研究》,第244－245页。

此的死者,无论男女,都非常穷困,身无长物,以致死后只身入葬。而部落普通成员的坟墓则含有少量葬品,往往是一小套武器,如一个箭囊,里面装有数量不等的箭镞,偶尔还伴随一两枝矛,刀或短剑较少发现,金属盾牌、盔甲等防御性武器及马具和配有马勒的马匹,则绝少发现。除此,按照游牧葬俗,这些坟墓往往含有某些动物祭品,一般是羊排,马肉和牛肉较为少见。不过,这只是常态,不同地区略有差异。在希腊城邦附近的斯基泰普通人的坟墓里,不论墓主性别是男是女,通常都会出土一些希腊双耳瓶和黑像陶,如双耳大杯(Kantharos)或基利克斯(Kylix)。而内陆草原地区,在部落普通成员的墓中,这些器皿较为少见。与此相应,这些普通人的坟墓在布局结构上也较为简陋,一般只有一个墓室,面积狭小,且墓室深度通常不超过 2 米或 2.5 米。

相比之下,斯基泰人贵族的库尔干则无论是陪葬品,还是坟墓内在构造方面,都更胜一筹,较为豪华。在尼古拉耶夫(Nikolayevskaya)地区的洛扎诺夫卡村(Rozanovka)和赫尔松地区的克拉斯内波多尔村(Krasnii Podol)的库尔干,通常会出土一整套进攻和防御武器,其墓主人很有可能是较低级别的军事贵族。他们在社会中占据着特殊的一席,是军队的主要组成部分。而在一般军事贵族的库尔干里,出土的则主要是奢侈品、武器和装有作为牺牲的马肉、羊肉或牛肉之青铜镀。其中,奢侈品多为装在双耳瓶中的葡萄酒和从希腊输入的黑像陶等家用器皿,它们为数不少,如在某些大型库尔干中的壁龛里曾发现过 10 个或更多的盛葡萄酒的双耳瓶。就武器而言,男性贵族的坟墓里往往陪葬有整套进攻性和防御性武器,通常是带金饰板的箭囊、数量不一的带把手和镀金剑鞘的刀、一些矛和飞镖以及一把战斗中常用的长柄斧。女性坟墓则多出土手镯、戒指等饰品。在坟墓构造上,这些贵族的库尔干也不同于部落普通成员,其墓室复杂宽敞,有时一个库尔干不止一个墓室,且墓室较深。

尤为引人注目的是,这一时期,斯基泰贵族的坟墓中殉马和殉人现象较多。其中,殉葬的马匹专门埋在一个坑穴里,数量从 1 到 11 匹不等,通常不超过 3 匹。同时,按照习俗,埋葬于此的马匹还配有整套马具,如豪华的马缰、马勒等。殉人则有两种,一为养马人,一为侍从。很显然,养马人是作为马匹的饲养者而一并入葬的,其葬身之处往往在葬马坑附近;侍从则常常带有一些武器,埋葬在贵族墓室周围,数量通常在 5 人以下,很显然是武装侍从,生前即为主人效力,待其主人死后则陪葬。

至于王族级别的库尔干,无论是其葬品数量,还是葬品质量,抑或是陪葬的殉人殉马,都显然是最为豪奢的。在数量上,王族库尔干葬品非常丰富。在车尔托姆库里库尔干中,考古学家发现了 250 件马勒带及许多青铜和金质马勒装饰品,一个马鞍的某些残留,10 件青铜尖顶饰和许多箭头。坐落于刻赤半岛的库尔·奥巴库尔干葬品数量更为惊人。根据罗斯托夫采夫记载,这个库尔干中出土的武器有:两把刀、一副镀金的剑鞘、一只镀银的箭囊、一顶青铜头盔、一副青铜制成的鱼鳞甲、一些青铜护胫甲、许多铜质武器或节杖;装饰品则有:一副金项圈、一条项链或黄金管、5 只黄金制成的实心手镯、300 多块黄金制成的衣服饰板、一把黄金做成的实心梳子;容器则有一个黄金做成的圆饰盘、7 只银瓶、一只镀金木瓶、3 个大型青铜镀、一些装油或葡萄酒的双耳瓶。[1] 从罗斯托夫采夫提到的这些物品来看,这个库尔干的葬品极为丰富,可谓应有尽有。其他王族库尔干虽没有出土这么多的物品,但是它们当初也应该有丰富的陪葬品,之所以现今器物少,是因为它们长年累月历经盗墓贼盗墓。在葬品质量上,王族库尔干里出土的器物大多质量较好,其中希腊人制造的物品较多。现今所知斯基泰人艺术中的精品,皆出自王族库尔干中,如在库尔·奥巴库尔干中曾出土过一件金银合金瓶,车尔托姆利克曾出土过一件布满美丽浮雕的银器,苏罗哈库尔干则出土过一个精巧的金梳(见图 5 - 6[2])。在殉人殉马

---

〔1〕M. Rostovtzeff, *Iranians & Greeks in South Russia*, pp. 100 - 102.

〔2〕http://www. hermitagemuseum. org/fcgi - bin/db2www/descrPage. mac/descrPage? selLang = English&indexClass = ARCHEOLOGICAL_EN&PID = DN - 1913. 1^1&numView = 1&ID_NUM = 7&thumbFile = %2Ftmplobs%2FE1YF_4025TLQ2F83ZK6. jpg&embViewVer = noEmb&thumbId = 6&numResults = 106&author = noArtShow&comeFrom = quick&check = &tmCond = scythians + &searchIndex = TAGFILEN 2011 年 2 月 14 日查阅。

方面,王族库尔干一般都比贵族库尔干中多。如在车尔托姆利克库尔干中的一个墓室中,即有 6 个奴隶和 11 匹马陪葬。在另一个最近挖掘的古冢——尼科波尔以西 Ordzhonikidze 附近的"Tovsta Mohyla"库尔干中,出土了 6 匹殉马和几个殉人的遗骨。在阿波斯托洛沃(Apostolove)附近的"Rozkopana Mohyla"库尔干中,发现了 17 匹殉马。

图 5-6　装饰以战斗图景的索罗哈金梳

5.2.3.2　盗墓现象

斯基泰贵族和王族的库尔干陪葬丰富,含有许多贵重金器。因此,从其出现之日,就吸引了许多盗墓者的目光。虽然进入一个庞大的库尔干困难很多,风险很大,但仍阻挡不了盗墓者疯狂的盗墓行径。在古代,盗墓活动频繁发生。他们通常在夜间活动,秘密潜入,悄悄挖掘。长此以往,一座大型库尔干中陪葬的丰富器物就会被盗掘殆尽,所剩无几。因此,每座王族库尔干几乎都未能逃脱被盗掘的命运。

然而,不是每次盗墓都那么顺利,有时崩塌现象会让盗墓不得不临时中止。以车尔托姆利克为例,古代盗墓者已经钻进里面,但还没来得及拿出所盗器物,就遇上了崩塌。他们只好逃了出来,但也有人没来得及逃出,就死在里面了。当考古学家发掘时,发现了未能逃脱的斯基泰盗墓者的骨骸和其偷盗的金器。不过在车尔托姆利克有两个国王冢,其中一个局部被盗,另一个则完整无缺。因此,现代考古学家在挖

·欧·亚·历·史·文·化·文·库·

掘库尔干过程中,不时发现盗墓的痕迹,还有那些丧命于此的盗墓者。被发现时,他们依然挺直,手里拿着鹤嘴锄和铲子。根据他们盗墓时遗留的器物,有时考古学家可以推测盗墓发生的具体时间。例如,有些盗贼脚边一个遗存的钱包里含有米特拉达梯斯六世尤帕托尔时代的小型钱币(BC107－63),这可以让我们大致准确地估测时间。

对考古学来说,幸运的是,莫名的恐慌和迷信在某种情况下阻止了这些被杀者的同伙进一步潜入坟墓。这就是某些最为重要的斯基泰坟墓得以保存的唯一解释。

6　斯基泰人的武器与战术

　　说起游牧民族的赫赫武功,人们会马上将它与游牧战士的"善骑射"、"娴弓马"联系起来。斯基泰人也不例外。从其出现伊始,斯基泰人即凭借骑射优势,四方袭掠,"不可战胜"的威名在地中海世界到处传播。

　　然而,斯基泰人的弓马骑射之利,并不像后起的游牧民族那样,是生而有之的。换言之,斯基泰人的骑射优势并不是先天的,而是它和当时其他欧亚游牧民族一道在游牧业兴起的历史大潮中,借外出征战的契机,从亚述、米底和希腊人那里吸收了先进的冶金技术、兵器技艺,化而为己,推陈出新,方才形成的。就此而言,斯基泰人是欧亚草原游牧民族骑射技术的开创者之一。正是以斯基泰人为代表的欧亚早期游牧民揭开了后世游牧民族以骑射优势征战世界之漫长历史的大幕。

　　斯基泰人之所以能在当时欧亚游牧的众多人群中脱颖而出,率先掌握骑射技术,主要取决于两方面的技术进步:一方面,得益于养马业的大规模推广和马衔、马镳、马笼头等新式马具的使用,[1]斯基泰人中骑马文化日益流行,骑马技术日臻完善;另一方面,骑术之进步,亦伴随着斯基泰人之射术的提高。当时以斯基泰人为首的部分欧亚游牧民人群,率先采用了西格玛形状的复合弓。这种弓,尺寸不大,但相比当时近东游牧民常用的拱门型弓威力要大,不但射程远,杀伤力也很强;同时,这种弓短小有力,便于骑手携带和马上射箭。不仅如此,和这些弓配套使用的箭镞,一般带有插座,极易生产。凡此种种,都给予欧亚游牧民以极大的军事优势。

---

　　[1]当时斯基泰人尚未使用马镫。在欧亚草原西部,马镫要等到萨尔马特人出现,才登上历史舞台。

受益于这两方面的技术革新,斯基泰人掌握了骑马姿势下拉弓射箭的技巧,成为驰名的"马上弓箭手"。这样,"骑兵一人一马,下肢驾驭,上肢战斗,人力配备少,而机动性能大为增强,还不大受地形的限制,和战车相比,骑兵的优越性是显而易见的。"[1]

因此,本章即叙述斯基泰人的骑射技艺,征战四方所用的武器及其军事组织、战术等问题。

6.1 斯基泰人的武器

斯基泰人的武器门类很多,不过,主要可分为进攻性武器和防御性武器。

6.1.1 进攻性武器

在长距离战斗中,斯基泰人使用弓和弹弓;在中等距离战斗中,他们使用矛和标枪;在面对面战斗中,他们使用剑、匕首、战斧、锤矛。

6.1.1.1 弓、箭、弓箭复合囊(gorytos)

在斯基泰人的进攻武器中,斯基泰人最喜爱、最常用的是弓箭。弓箭亦伴随每个斯基泰男子一生。在日常生活中,斯基泰人和弓箭可谓须臾不离,死后弓箭则是必要的陪葬物。目前,在考古遗址上,箭镞较为常见,而弓则因材质多为木头、骨头和动物肌腱,易坏,保存状态不佳,很难复原其外观。幸运的是,斯基泰青铜器上的图雕和图画金属作品以及古代作家的记述,给我们提供了一些佐证。

斯基泰人使用的弓是典型的复合弓(见图 6 – 1[2])。这在当时拱门型弓流行的时代,无疑是非常先进的。其制作材料复杂,其中弓体多用木材,弓箫(弓的两个顶端)处则套以特殊的附件来加固,是为弓弭,而弓弦则多取材于马鬃或动物肌腱。这样组装而成的复合弓弹性很好,当它松弛时,弓渊辄弹回,形成一个常规弯曲,其形状则被古典作家比喻成希腊字母"Σ"(sigma)或黑海的海岸线。通过图像和箭镞长度

---

〔1〕吴于廑:《吴于廑谈世界历史上的游牧世界与农耕世界》,载《世界历史》1983 年第 1 期。
〔2〕Renate Rolle, *The World of the Scythians*, p.36.

可以判断出,斯基泰人所用的弓尺寸较小,一般来说最多长 80 厘米[1],偶有长度超过 1 米的。和传统的东方"复合弓"一样,斯基泰弓的威力并非由弓的长度,而是由弓的拉伸力量决定的。我们从民族志和历史资料中得知,这种特性的复合弓可能要花费 5—10 年的时间去制作,需要使用一种特殊的木头和马鬃弦,且需要长期的锻炼。除此,那里还需要有一个"射击"的阶段(可能是试射)。因此,斯基泰人的弓尺寸虽小,但仍需

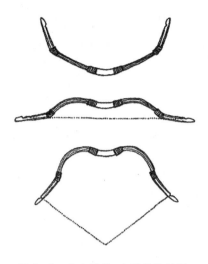

图 6 - 1　未上弦的、上弦的和拉引时斯基泰人的弓

相当的力气和技巧才能拉开,也算得上是硬弓。

斯基泰人所用的箭支,也是由复合材料组装而成的。箭杆本身由芦苇或一根细小的桦树枝制成;箭羽大都取材于鸟类的羽毛;而箭镞材质一般为青铜,偶有铁制和骨制箭镞。为便于在任何时空下应付各种对手,斯基泰人箭镞类型繁多,每种都有其独特用途,如有专门用于狩猎的,专门用来穿透鱼鳞甲、盾牌还有头盔的。其中,典型的是三棱形或三叶形的箭镞。它数量多,在前苏联境内考古学家收集的这种箭镞共有数万;它设计极为巧妙,具有严格的空气动力学外观,矗立时线条简洁完美,甚至可以和现代火箭相媲美[2] 不仅如此,为了加剧敌人伤口的创伤效果,且使得箭镞难以拔出,斯基泰人往往会在箭镞上按上倒刺,浸以蛇毒。

因此,尺寸不大的复合弓搭配极易生产的箭支,使斯基泰人的弓具有很大的威力。首先,射程很远。古代奥尔比亚一个古希腊人的坟墓中曾出土过一块碑铭,铭文赞美了奥尔比亚人狄茂拉斯(Dimaoras)

　　〔1〕E. V. Cernenko, *The Scythians*:*700—300 B. C.*(《斯基泰人:公元前 700—公元前 300 年》), Osprey Publishing Ltd, 1983, p.12.

　　〔2〕E. V. Cernenko, *The Scythians*:*700—300 B. C.*, p.12.

之子阿纳克萨戈拉斯(Anaxagoras)的射箭之技。在一个节日赛会中，他射中 521.6 米外的箭靶，从而赢得了射箭最远的奖项。奥尔比亚人和古代黑海沿岸其他希腊城邦的居民一样，都非常热衷于使用斯基泰人的弓。因此可以说，这位神射手应是借助斯基泰人的弓才完成这一惊人纪录的。[1]

其次，斯基泰人的弓在一定射程之内精度很高，且箭镞的穿透能力很强。这可以通过许多坟墓中的遗骸来证明。因为斯基泰人的箭镞带有倒刺，很难从创伤位置顺利拔出，因此有好多中箭的斯基泰人生前并没有取下箭镞，死后仍留在身体里，且有时深嵌在头颅或脊椎上，一般深度达 2—3 厘米。这可能是由于对方一个骑手在一个比较好的射击距离下拉弓射箭造成的。除此，古代容器上的画面也显示某些身着鱼鳞甲的战士中箭，或重装步兵的盾牌也同样被射中。这些都说明了斯基泰人的弓精度很高，箭镞的穿透力很强。

再者，斯基泰人射箭速度很快，可以媲美中世纪的熟练射手，每分钟射出 10—12 支箭。斯基泰人一般携带 30—150 支箭去战斗，可以在 3—15 分钟内将其射完。考虑到数百名马上弓箭手参加战斗，我们可以想象，致命的箭镞像冰雹一样落入敌阵中。

平常，斯基泰人把弓放在一个特殊的牛皮囊中携带。这个牛皮囊在斯基泰人行进时被悬挂在一个皮带上，只有在战斗或追逐时才被拿下来。在前斯基泰时代，当时黑海北岸的先民似乎已经使用一种简易形式的弓囊了。斯基泰人承袭了这种弓囊，并对之进行革新，使之既能放弓，又能放箭(最多放 75 支箭)。古希腊人把这种弓箭复合囊叫 gorytus(或者 gorytos)。可惜的是，没有一个完整的实用型弓箭复合囊留存下来，只有某些皮革做的朽烂物在墓中被发现。

然而，我们知道这个囊长度有弓的 2/3，有弦的弓就放在这种囊里。而其前面有一个特殊的小囊，箭镞可以放在里面，且箭囊部分有一个金属挂钩，可以将其卡紧，从而防止箭支受潮且保护箭羽翎毛。这种

---

[1]Renate Rolle, *The World of the Scythians*, pp. 65 – 66.

复合的弓囊和箭囊能够确保"专业"的射手方便射击。不仅如此,斯基泰人还通常在箭囊部分覆盖一块华美的镀金饰板,上面装饰着鹿的形状(见图6-2[1])。

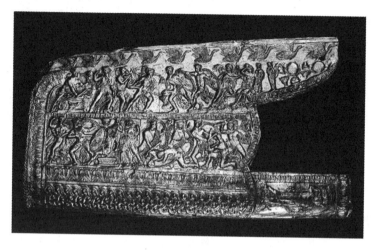

**图6-2 在希腊北部萨洛尼古代马其顿国王
腓力二世陵墓中出土的金制弓箭复合囊**

6.1.1.2 剑和匕首

斯基泰人的剑和匕首,被希腊人称之为阿基纳克(ἀκινάκης,aki-nakes),它们在斯基泰文化中占据着重要地位。据希罗多德记载,在斯基泰人的信仰观念中,斯基泰人信奉的最重要的神——战神阿瑞斯,其化身就是一把剑;为了供奉战神,斯基泰人在每个诺姆(部落领地)专门建造一个由木材搭成的高台,以之作为祭坛,上面插一把铁剑,来代表阿瑞斯。每年斯基泰人都向这把铁剑献祭,浇奠牺牲者的鲜血。[2]

希罗多德的记载得到了考古发掘的证实。在扎波罗热某地,考古学家于封土林立的公元前4世纪斯基泰墓群之间,发现了一个沙堆,上

---

〔1〕http://www. macedonian - heritage. gr/HellenicMacedonia/en/img_D15c.html 2011年2月14日查阅。

〔2〕希罗多德:《历史》,王以铸译,第290页。

插一把公元前 5 世纪的铁剑,这说明这个沙堆到公元前 4 世纪时或许已有百年历史。显然,斯基泰人祭拜阿瑞斯的实际做法和希罗多德的记载稍有出入,在实际崇拜过程中,斯基泰人堆了一个沙堆,而不是木材搭成的高台来存放圣物——阿基纳克。之所以如此,或许由于当时斯基泰人在无树的草原上,不易获取大量木材,很难完全按照传统行祭拜之礼,只能有所变通。除了专门建造沙堆,斯基泰人还以其他形式来祭拜阿瑞斯,如经常在坟墓墓顶上插上铁剑,在克里米亚小斯基提亚时代,斯基泰人甚至在记功碑上也放一把铁剑。[1] 凡此种种都有力地说明了,在斯基泰人的信仰世界中,战神是崇高的,它能确保斯基泰人对被征服的敌人和被征服地区取得军事上的霸主地位,所以需要经常祭拜;而剑作为战神的化身,也会时常受到斯基泰人的祭奠。

斯基泰人的剑和匕首,起源不是非常明朗。有人认为,在斯基泰人到来之前,草原上的居民——辛梅里安人就已经开始使用这种武器了。也有人认为,斯基泰人的剑和匕首起源于外高加索。不管怎样,到公元前 7 世纪晚期,斯基泰人剑和匕首的形制已经确定下来,且早期的剑和匕首似乎均出自外高加索工匠之手,是格鲁吉亚当地青铜武器演进改良后的新品种。

斯基泰人早期用的剑一般长 60—70 厘米,有两刃,且两刃几乎平行,直到顶端才趋于尖利。匕首和剑没什么区别,只是略短而已,一般长约 30—40 厘米。目前所知,最古老的两把剑是在梅尔古诺夫和克列尔梅斯墓中发现的。这两把剑只是细部稍有差异,整体非常相像,剑柄和剑鞘上都贴着黄金饰板,上面有精美的几何图案以及戳印的动物造型。这些动物中有真实的动物(鹿、山羊、狮子),神话中的动物(各种山羊、狮子、公牛、鱼)以及射手的组合排列。此外,这两把剑都特别刻画了一个有翼女神矗立在一棵圣树旁的场景。显然,这些装饰并没有统一的样式,而是混杂了上古乌拉尔图、亚述、米底等近东不同民族的艺术风格。需要指出的是,装饰剑鞘的某些动物造型,例如鹿、山羊等,

---

〔1〕E. V. Cernenko, *The Scythians: 700—300 B. C.*, p. 17.

则成为后来典型的斯基泰动物艺术形象。总之,这两把剑相似度之高,以致有人认为它们或出自同一匠铺,或按同一规格铸造。或许,这两把剑是斯基泰人在从中东和小亚回师途中带来的。在铸造过程中,当地工匠按照斯基泰人的命令生产,且在制作过程中吸收不同文化的艺术风格,混化于一炉。[1]

随着时间的推移,斯基泰人的剑和匕首的样式也在逐渐变革。公元前5世纪,双边平行的剑刃被一种延长的等腰三角形取而代之,其长度逐渐变短;公元前4世纪,除了双刃剑,单刃剑也出现了。公元前5世纪,剑的柄端由以前简单的横杆式演变成一种更加复杂的样式,有两个铁制的"爪牙"竖起向里弯。公元前4世纪,柄端则又趋向于简单,变成一种更加简便的椭圆形状;手柄也从圆柱形变成两头细或椭圆的形状,这样便于抓握;护手也呈三角形,在底部边缘中间有一个尖的往里弯曲的凹槽。[2]

在斯基泰历史上,剑鞘都是用木头制成的,外面包裹着皮革。它悬挂在皮带上,一个皮带横穿其中,保护"耳朵"。许多雕塑器物显示出,它们一般悬挂在主人的右侧。某些彩色饰板则说明这些剑和匕首如何在实战中被骑手们使用[3]。

6.1.1.3 矛、标枪、战斧和权杖

斯基泰人也使用矛和标枪等类武器。在斯基泰战士的坟墓中,不时可以发现一两个矛尖和几支标枪。有些王族级别的坟墓中出土的数量会很多,如在亚速海别尔江斯克(Berdyansk)附近的一个斯基泰王族坟墓中,考古学者曾发现数十个矛尖和标枪。

直至最近,历史学家还相信斯基泰人使用短矛或短标枪。它们在近距离战斗中,或被投掷,或被挥动。这一结论来源于一个简单的事实,即斯基泰人的墓室太短,不能放置长兵器。不过,如果注意到许多坟墓中矛尖和矛杆之间的关系,我们就可以猜测,一枝矛可能会被打

〔1〕E. V. Cernenko, *The Scythians*:700—300 B. C., p.15.

〔2〕E. V. Cernenko, *The Scythians*:700—300 B. C., p.17.

〔3〕E. V. Cernenko, *The Scythians*:700—300 B. C., p.17.

断,之后才被放进坟墓。现在很清楚,某些斯基泰人的矛可以被准确地定义为长矛,因为它们长 3 米多,显然是用于骑乘战斗的。[1]

短一点的矛大约长 1.7—1.8 米,功能两用,既可用于投掷,也可用来穿刺。从斯基泰坟墓出土的陪葬品中的图画资料可以看出,斯基泰人在战斗和追逐过程中,也使用短矛。这类矛若是由行家里手投掷,杀伤力最远可达 30 米。矛尖式样很多,常见的矛尖状如树叶,中间的脊柱粗大,内有孔洞,可由此安装矛杆。矛尖长度不等,大约在 30—72 厘米之间。其中较长的矛尖是为了穿透盔甲而特意加长的。[2]

标枪则主要用来投掷,其顶端有许多式样。一般来说,枪头是一个长的铁柄带有一个小型金字塔形状的尖端,且安有尖锐的倒钩。如此一来,中枪之人很难从伤口或穿透的盾牌中将其拔出。[3]

除了上述武器,在斯基泰人的古冢中目前还发现了近 100 把不同式样的战斧。其中一个豪华的样本是在著名的克列尔梅斯古冢中发现的。这把战斧,除了狭窄的斧刃,其余几乎全部覆盖着黄金饰板。装饰风格则非常多元。斧刃雕刻着山羊和鹿,头部则装饰着更多的山羊,黄金覆盖的杆部则饰有现实和神话中的野兽形象、鸟和昆虫的组合。[4]

带叶头的优雅权杖不光是武器,还是权威的象征。一个精美的样本是在索罗哈古冢中发现的。陪伴的图画解释了上述各种武器。[5]

6.1.2 鱼鳞甲与斯基泰人的防御性武器

在对外征战过程中,斯基泰人的防御性武器也是从无到有,逐渐完备的,从当时来看,已比较齐全,主要有胸甲、头盔、护胫甲、腰带、盾牌等。但斯基泰人这些防御性武器的制作技术并不是简单地取自四邻,而是在近东防御性武器的制作技艺上有所创新,其中鱼鳞甲的大

---

[1]E. V. Cernenko, *The Scythians*: 700—300 B. C. , p.17.

[2]E. V. Cernenko, *The Scythians*: 700—300 B. C. , p.17.

[3]E. V. Cernenko, *The Scythians*: 700—300 B. C. , p.19.

[4]E. V. Cernenko, *The Scythians*: 700—300 B. C. , p.19.

[5]E. V. Cernenko, *The Scythians*: 700—300 B. C. , p.19.

规模使用是其最鲜明的特色。

从公元前两千年中叶到基督纪元之前,古代近东各族战士均披挂柔韧的皮革胸甲,上覆以重叠的小片青铜或铁制鳞甲。在近东征战期间,斯基泰人很快领悟到甲胄的作用,意识到身披一件甲胄可以在相当程度上避免刀矛之穿刺砍削。但斯基泰人并非仅仅满足于借用现成的近东铠甲,他们一直希望制作适合自己的铠甲,于是一直在实验,直到他们发现最好的方法,那就是重叠的"鱼鳞甲"。通常,斯基泰制作武器的工匠会用一种锋利的切割工具或矛尖从薄铁板上割下鳞甲,然后用细长的皮革或动物肌腱将它们编织在一起;编织时,每片鳞甲会覆盖下片鳞甲侧位置的 1/3 或 1/2,且每片鳞甲的底沿与下片会仔细缝合,从而严丝合缝,以防鳞甲之间有隙;待鱼鳞甲编成,则将其固定在一个柔软的皮革底座上。虽然鱼鳞甲相对坚固,但披挂之后并不妨碍骑兵移动,还给了骑兵很大的行动自由,使其机动性增强。因为每一块鱼鳞的面积差别很大,需要自由活动的关节处,可选择最小的鱼鳞(每片只有 1.7 厘米 ×0.7 厘米)编织铠甲防护。[1]

和中东工匠将鳞甲仅仅用于胸甲上的做法不同,斯基泰人还发明了其他类型的鱼鳞甲,从头盔到护胫甲,几乎应有尽有(见图 6 - 3[2])。除此之外,盾牌、腰带等防御性武器根据需要也可以覆盖鱼鳞甲,以增强防御能力。

不过,鱼鳞甲由金属制成,容易生锈,必须仔细照料。同样,其防护的作用也不宜过分夸大,它在不同时刻的防护作用是不同的,有时甚至微不足道,如当一枝矛或箭在劲道最足的时刻,一瞬间甚至可以穿透三四片鱼鳞甲。

不管怎样,在冷兵器时代,鱼鳞甲的发明,是世界战争艺术史上的一个里程碑,其意义不亚于青铜武器、铁制武器、火药和大炮的发明。

6.1.2.1 胸甲

---

〔1〕Renate Rolle, *The World of the Scythians*, pp.67 - 68.

〔2〕Renate Rolle, *The World of the Scythians*, p.69.

图 6 - 3　全副铠甲的斯基泰高级武士

　　在征战之初,斯基泰人即已披挂胸甲来保护自己。当时,在设计细节上有许多变化。有些轻型胸甲,只在颈部和上胸处,或仅在上身正面覆以金属鳞甲。而大多数胸甲则像一个短袖衬衫,上身几乎尽着鳞甲。长袖式样的鳞甲胸甲也有,不过出土数量不多,目前仅知几件。

　　在骑兵战斗中,肩部非常脆弱,需要特别防护。显然,斯基泰人对此特别关注,在制作铠甲时,他们会针对某些肩部鳞甲进行专门设计,以保护肩部。如斯基泰人曾专门设计出一种双轭状的鳞甲胸甲,就体现了这一理念。这个双轭胸甲形如其名,状如双轭,一来可以保护后背,二来注意保护胸前两侧,更重要的是中间凸起的联结部分则可以有效地保护肩部。[1]

　　胸甲厚重,但披挂之后,斯基泰骑手仍可行动自如,这主要是因为胸甲的不同部位是由不同面积的鳞甲制成的。肘部和肩部这种需要弯曲的部位,可用小片鳞甲,如此则不会妨碍胳膊自由活动;而后背和肚腹处则可以覆盖数量少、面积大的金属鳞甲,这样一来省时,二来又可以提高鳞甲的防护力度。[2]

---

〔1〕E. V. Cernenko, *The Scythians*: *700—300 B. C.*, p.7.

〔2〕E. V. Cernenko, *The Scythians*: *700—300 B. C.*, p.7.

一般来说,鳞甲用一种金属制成,通常是铁。但其他地区的鱼鳞甲也不乏青铜样式的。相比没有光泽的铁,磨光的青铜会在太阳下闪闪发光,再加上鳞甲上还饰有狮子、鹿以及鹰头等动物形象,因此青铜胸甲会给人一种华丽的印象。不仅如此,有些王族和贵族墓葬中的鱼鳞甲,有时还镀金,更显华丽美观。[1]

6.1.2.2 头盔

随着对外交往对象的变换,斯基泰人的头盔风格和使用材料也一直在变。在公元前6世纪,斯基泰战士头戴的是"库班头盔"。这类头盔由青铜铸造而成,非常厚重,一旦戴上就紧紧箍在头颅上,令人不太舒服,但它能给予头颅后部以较好的保护,且其下面的颊革则能保护部分脸部。可以说,除为眼睛留下孔洞外,这类头盔几无缝隙,非常严实。目前,这类头盔多在北高加索,尤其是在库班地区的大型库尔干中出土,所以人们称之为库班头盔。不过,虽然它在北高加索出土,但许多学者往往认为,其起源于近东世界[2]。

从公元前5世纪开始,鱼鳞甲头盔开始取代"库班头盔"。当时,斯基泰人中流行弗里吉亚式的尖顶皮革帽或兜帽。为保护头部,于是斯基泰人因势利导,在这些尖顶皮革帽或兜帽外面覆盖上重叠的铁制鳞甲,且配有额外的颊革和护颈。由于它们能阻挡一定数量和一定力量的刀刺箭穿,且容易生产,因此这类头盔曾广为流传。不过,这类头盔中仍缺少护鼻这一重要元素。[3]

同样是从公元前5世纪开始,有些斯基泰贵族开始披戴希腊头盔。目前,在斯基泰富人的坟墓里,考古学家发现了总计超过60件希腊制成的青铜头盔。虽然这些青铜头盔被发现时大都已经破碎,但掂量碎片可知,这些头盔一般都是科林斯、加尔西顿和阿提卡头盔类型。它们轻便结实,美观大方。[4]

---

〔1〕E. V. Cernenko, *The Scythians*: *700—300 B. C.*, p.7.

〔2〕E. V. Cernenko, *The Scythians*: *700—300 B. C.*, p.7.

〔3〕E. V. Cernenko, *The Scythians*: *700—300 B. C.*, p.7.

〔4〕E. V. Cernenko, *The Scythians*: *700—300 B. C.*, p.7.

6.1.2.3 护胫甲

为了在战场上保护腿部,斯基泰人最初通常使用皮革覆盖铁板来制成护腿装备。到公元前5世纪,希腊风格的铁质护胫甲在黑海北岸崭露头角,开始装备斯基泰人的重装骑兵。不过,总体来说,在公元前6世纪和前5世纪,斯基泰披甲骑兵大部分仍是以铁皮外壳的绑腿来保护腿部。到公元前5世纪晚期和前4世纪,这种铁皮外壳的绑腿渐趋消失,取而代之,斯基泰人大都在织品裤子外面套上护胫甲,最出名的首领有时还有镀金的护胫甲。目前所知,较为出名的一对优质护胫甲藏于圣彼得堡哈尔米塔什博物馆,它是在150年前发现的。这双护胫甲装饰华丽,膝盖处刻有戈尔贡的头像,两侧则雕有成双的蛇,尾巴朝下。从某些斯基泰人的金属饰板可以看出,这些护胫甲和头盔一样最初都是希腊重装步兵的典型装备,改造后则成为斯基泰人重装骑兵的装备。[1]

6.1.2.4 盾牌

斯基泰人非常重视盾牌的功能。为了保护身体,抵御对方兵刃、箭矢等兵器进攻,斯基泰人几乎人手一盾。普通战士可能一般使用柳条编成的轻型盾牌,例如著名的索罗哈金梳上的样品。重装骑兵则携带厚重的大型盾牌,上面覆盖着铁板。为制造这类盾牌,斯基泰工匠会在一块木质底板上覆上铁制鳞甲,用线将两者缝在一起,而后在盾牌后方安装一"把手"。还有资料显示,某些富裕的贵族可能在盾牌上覆盖整块的圆形铁板。这些盾牌不仅具有实用功能,通常还嵌有其他金属制成的专门性装饰图案(据说有些鱼鳞形盾牌上会有这类装饰),不乏装饰价值。在科斯特罗马斯科雅(Kostroskaya Stanistsa)和库班地区的克列尔梅斯的早期斯基泰贵族墓中,考古学者就曾发现过两个镀金的铁质饰板,长30多厘米。其中,前者造型是一只鹿,后者则为一只豹。两个动物造型,都是以典型的斯基泰"动物风格艺术"来处理的。此

---

〔1〕E. V. Cernenko, *The Scythians*: 700—300 B. C., pp. 7 - 8.

外,离著名的托尔斯塔雅莫吉拉不远的一处坟墓中曾出土过一个造型为鱼的青铜制品,而在库尔奥巴的王族坟墓中曾出土过一只金鹿,它们都是按照斯基泰"动物风格艺术"来制作的,但散发着浓浓的希腊韵味。[1]

6.1.2.5 腰带

斯基泰人另一类主要的防御性盔甲是腰带。它是以皮革为载体镶上铁、青铜抑或是黄金、白银的条带。在早期,斯基泰战士在下马之后,并不是靠马的脖子来保护腹部,而是靠这些宽的腰带。它们通常带有几排鱼鳞甲。窄的腰带则用来悬挂刀、短剑、战斧、弓和箭囊、磨刀石以及斯基泰人随身携带的马鞭。然而,随着时间的流逝,防御用的腰带在尺寸上逐渐缩小,最终被吸收到日益普遍的盔甲中去了。[2]

6.1.2.6 马铠

斯基泰人是个骑马民族。对于马匹,他们自然爱惜,对战马更是如此。它们有好几种防护形式。从公元前 6 世纪开始,斯基泰人一般会在马笼头上配置铁片或垂饰来保护马的头部和面颊。也有资料说,在某些情况下,斯基泰人会给战马披上一种皮革做的马衣,上面镶着铁鳞甲,在乳房处则围上一种围裙式样的毛毡带,这样敌人的箭镞就能陷在毛毡里,从而避免伤及乳房。[3]

总而言之,我们可以确信,斯基泰人拥有的武器,品种齐全,基本上涵盖了冷兵器时代的全部武器系列。无论在骑兵和步兵战斗中遇到何种敌人,斯基泰人都有相应的武器去对付。从冷武器后来发展的兵器序列来看,斯基泰人的武器库中仅仅缺乏击剑军刀和锁子甲。但某些资料证明,他们可能也使用锁子甲。

从生产者的角度来看,大部分斯基泰人使用的武器和盔甲都是由当地工匠制造的。他们从当地或外地采购铜铁,然后熔炼铸造,精工细作,技术已较成熟。然而,对斯基泰社会的王公贵族来说,他们更喜欢

〔1〕E. V. Cernenko, *The Scythians*:*700—300 B. C.*, p. 8.

〔2〕E. V. Cernenko, *The Scythians*:*700—300 B. C.*, p. 11.

〔3〕E. V. Cernenko, *The Scythians*:*700—300 B. C.*, p. 11.

舶来品,使用的武器也多出自黑海北岸殖民城邦的希腊工匠之手。这类武器在制造过程中,融合斯基泰的装饰风格和希腊的金银制作工艺,不但实用,而且美观,其中不乏巧夺天工的艺术精品。曾几何时,斯基泰王公贵族的坟墓里满是这些艺术精品,但经过数千年的盗掘,所剩无几。幸存出土的器物,则无疑成为圣彼得堡艾尔米塔什等许多博物馆的镇馆之宝。

不仅如此,斯基泰人在武器方面对周邻民族有巨大影响。黑海北岸的希腊人按照他们的喜好,对斯基泰人的武器几乎照单全收。此外,斯基泰类型的武器在斯基提亚东西南北数千公里外都有发现,甚至远至大西洋海岸和蒙古利亚。

6.2 斯基泰人的军队和战术

关于斯基泰人具体的军事体系和战术运用,目前文献资料涉及较少。在此,将仅仅依据某些文献资料,辅以考古资料,对斯基泰人的军队和战术择要阐述。

6.2.1 军队

目前很难确知斯基泰人详尽的军事组织方式,但根据文献资料以及相关的考古资料,我们知道斯基泰人的军队分为骑兵和步兵两个兵种。按照游牧社会的通例,毫无疑问,骑兵是斯基泰人的首要部队。在斯基泰人的早期历史上,骑兵几乎是斯基泰人的唯一兵种,绝大部分斯基泰男子都是骑兵。所以希罗多德和修昔底德认为,每个斯基泰战士都是马上弓箭手。不过,随着历史发展,步兵也出现在斯基泰人的军队序列中。一般来说,步兵是由贫穷的斯基泰人组成的,他们大多来自一些依附于斯基泰人的定居农业部落。此外,其他附庸部落的平民也必须充当步兵,服兵役,而他们中那些富有的首领则可以充当骑兵,随其主人一道冲锋。到斯基泰人历史后期,步兵比重逐渐增大。据狄奥多罗斯记载,在博斯普鲁斯王国的一次王位争夺战中,萨特卢斯和普利塔尼斯两位王子曾取得了斯基泰人的支持,其麾下有 20000 步兵和

10000 骑兵。令人惊讶的是,这里斯基泰步兵人数竟是骑兵的两倍。不过这也是很正常的,因为狄奥多罗斯记载的事件发生在公元前 4 世纪末,当时许多游牧的斯基泰人开始定居务农。很有可能参与博斯普鲁斯王位争夺的这些斯基泰步兵来自毗连的克里米亚斯基泰辖区,而这一地区定居化农业化进展较快。不过,不管步兵人数如何增多,自始至终,骑兵始终是斯基泰人的主力。

骑兵的主体是轻装骑兵。他们防护较弱,至多身披一件皮毛或兽皮上衣,头戴一顶头盔来保护自己。相比之下,重装骑兵的防护力度则大大增强,他们从头到尾再到座骑都配有较强的防护装备。自然,他们是斯基泰人冲锋陷阵的主力,个个久经战阵,战斗经验丰富。临阵接敌时,他们往往排成队形,按照命令,进退有序。初一接战,先对敌人射箭投石,接着用飞镖和标枪来攻击。嗣后,重装步兵便以密接队形冲击敌阵中某一部分。他们在战斗中的移动能力很强,能够击破敌人阵形,在密集的人群中重新汇合,且能在复杂多变的战场形势下相机而动,在适当的时间和地点,改变攻击方向,攻敌要害。一俟重装骑兵击溃敌人,轻装骑兵就收拾残局,杀死残敌,战斗遂告结束。[1]

虽然斯基泰人的全体成人,包括大量妇女,尽皆参与战斗,但很难估算斯基泰士兵上战场的数量,连当时斯基泰国王他们自己也不知道。据希罗多德记载,斯基泰国王阿里安塔斯想知道斯基泰人的人数,于是他命令每个斯基泰人必须上交一个箭镞,否则就会被处死。结果他收到了很多箭镞。但是阿里安塔斯没有命人统计这些箭镞,而是将这些箭镞熔化,铸成一个大镢。所以,斯基泰人的数量一直都很模糊。

不过,斯基泰人的军事实力毋庸置疑是很强悍的。修昔底德写道,斯基泰军队比拥有 15 万人的色雷斯军队强大,如果斯基泰人是"一心"的话,欧亚两洲没有一个民族在孤立无援的情况下能抵挡得住斯基泰人的进攻。这一评论指出了游牧部落社会的传统特性,其力量相当平均地分散在或多或少的独立群落中,很难将他们的全部人马带上

---

〔1〕E. V. Cernenko, *The Scythians: 700—300 B. C.*, p.20.

战场。与此相应,我们必须记住斯基提亚是一个军事国家,其整个社会结构就是适应战争需要而出现的。所以,我们可以借用波斯国王大流士的一句话,给斯基泰人冠以"手执武器的一个民族"[1]。

6.2.2 对外交战中斯基泰人的武力及战术

关于斯基泰人对外交战中体现的具体武力及对外战斗中的战术运用,目前文献资料较为零散和匮乏。但根据零散的文献片段,我们还是能一瞥斯基泰人在各个历史时期对外战斗过程中的武力优劣及作战方式。

6.2.2.1 突入近东的武力优势

斯基泰人在近东劫掠期间的具体战斗案例,希罗多德等古典作家均语焉不详。但从文献资料中,我们还是可以看出,斯基泰人初出茅庐,便爆发出了惊人的战斗力。借助其精准的射术和快速的移动能力;斯基泰人在上古近东世界如入无人之境,马蹄踏遍地中海东岸、安纳托利亚高原以及伊朗高原;同时,斯基泰人对途经地区的居民时常劫掠,方式不免野蛮残暴。这些曾使得近东地区的人民惊恐不已,印象深刻。譬如,希罗多德就曾说过,斯基泰人暴虐横傲,所到之处变为荒野;他们不仅对各地居民征收贡赋,还骑着马到各地去劫掠。犹太经典——《旧约全书》也曾留有对斯基泰人的描述,说他们"拿弓和枪,性情残忍,不施怜悯。他们的声音像海浪砰訇";显然,犹太人对斯基泰人的到来惶恐不已:"我们听见他们的风声,手就发软,痛苦将我们抓住,疼痛仿佛产难的妇人";不过,犹太先知们认为这些北方游牧民族的到来不是偶然现象,而是上帝为惩罚那些崇拜偶像的犹太人而召来的,他们曾假借耶和华之口说道:"看哪,我要召北方列国的众族,他们要来,各安座位在耶路撒冷的城门口,周围攻击城墙,又要攻击犹大的一切城邑。至于这民的一切恶,就是离弃我,向别神烧香,跪拜自己手所造成的,我要发出我的判语攻击他们。"[2]这一场景和中世纪西方基

---

[1]E. V. Cernenko, *The Scythians*: *700—300 B. C.*, p. 20.

[2]《旧约全书·耶利米书》,1.11—16,6.22—30。

督教人群对"上帝之鞭"——阿提拉和蒙古人西征的反应较为相似。

不过,上古近东各族在惊恐之余,没有犹豫,他们很快师夷长技,学习使用斯基泰类型的武器。据希罗多德记载,米底国王就曾委托斯基泰人向一伙米底青年教授射箭技能[1]。那时近东军队使用斯基泰人的弓箭,学习骑射的做法也得到了考古资料的有力证实。从公元前7世纪中叶开始,"斯基泰"类型的箭镞就曾在近东广泛传播,这类箭镞几乎在那一时代的每处遗址都曾出土过。由此来看,那一时代,几乎所有的近东各族军队都在使用斯基泰人的弓箭。在这一历史背景下,士麦那(Smyrna)的例子显得非常生动有趣。在公元前600年左右,吕底亚人围困此城期间,守城者和攻城者都曾使用斯基泰类型的带有青铜插口的箭镞。

斯基泰式样的箭镞流传如此广泛,以至于在现在考古学上形成了一个共识,即一个游牧外观的箭镞不应视为斯基泰人出现的充分条件。只有早期的箭镞,亦即公元前7世纪之前(之后则因传播广泛而较为普遍)的箭镞可视为此类证据。但即使在这些例子中,这类证据也必须小心使用,因为我们不知道近东军队具体何时开始采用斯基泰人的弓箭。来自亚述都城尼尼微的一份合同证明,斯基泰式样的箭镞在公元前679年之前即被亚述人使用。因此,"斯基泰类型"的箭镞可以被视为欧亚游牧出现的证据,但前提是它们必须伴随着其他属于游牧文化的器物,比如说马具、刀或"动物风格"的艺术品才行。这些器物可能也会被其他各族采纳,但较为罕见,可能反映了与欧亚游牧民的具体而紧密的联系。

或许因为近东各民族普遍使用斯基泰人的武器,并且开始谙熟骑射,斯基泰人的比较优势已不如以往明显,故而开始撤出近东世界。

6.2.2.2 波斯大军压境下的游击策略

在斯基泰人退出近东世界百年之后,波斯皇帝大流士曾出动大军,征讨斯基泰人。具体过程前已叙述,这里着重探讨斯基泰人的作战

----

〔1〕希罗多德:《历史》,王以铸译,第36页。

方式。

当得知波斯70万大军入侵之时,斯基泰人自知自身实力不足,急欲对外求援。但求援失败后,斯基泰人审时度势,尽量避免与优势敌人公开决战,而是果断地采取了游击战的策略与之周旋。首先,疏散老幼妇孺,填塞水井和泉水。之后,将原先的三支部队重新组合,编为两军,一支由斯科帕西司率领向顿河、亚速海方向撤退,另外一支是主力,由斯基泰国王伊丹图尔索斯率领,尽量撤往拒绝与斯基泰人结盟的国家中去,以便将他们拉入战争。此外,这两军在撤退过程中,将草原上的植物尽皆铲除干净,避免资敌。为此,斯基泰人的前哨部队引诱波斯军队追逐斯科帕西司率领的这支部队。于是,波斯军队在不明就里的情况下,先是东进,渡过顿河。后来,当斯科帕西司率军迂回到顿河以西斯基泰人的领土时,波斯军队又掉头西进追击。接着,斯基泰主力便引诱波斯军队进入那些拒绝援助斯基泰人的部落中去。如此这般,斯基泰人一直游而不击,可望而不可即,以步兵为主的波斯人一路追击,饱受折磨。

急欲与斯基泰人决战的大流士,曾致信斯基泰国王伊丹图尔索斯,辱骂其逃跑行径。在反唇相讥之后,斯基泰人也曾决定与大流士决战。战斗中,斯基泰人的骑兵屡屡战胜波斯人的骑兵,但却因恐惧波斯的步兵而后退。因久决不下,两军形成对垒之势。最后,粮草不继的大流士被迫撤兵,斯基泰人遂取得了胜利。

可以说,希罗多德对大流士入侵的过程记载还算详细,斯基泰人的游击战也较为明晰。不过,两军对垒时,斯基泰人具体的战术如何,他没有提及。

不管怎样,赖此一战,斯基泰人获得了不可战胜的美誉,声名远播,据说其战胜大流士一事很快就被编排成戏剧在希腊上演。另外有学者研究,雅典人就是从斯基泰人一直游击,避免决战的做法中获得灵感,才成就了萨拉米斯海战的胜利。

6.2.2.3 斯基泰国王阿提亚斯对外用兵的策略

阿提亚斯是公元前4世纪中后期斯基泰人的一代雄主。在他主政时期,斯基泰人在外多瑙河地区的扩张达到高峰。据琉善等人记载,阿提亚斯在多瑙河地区征战时,年已高龄,有90多岁。90多年的风风雨雨,无疑使阿提亚斯见多识广,阅历深厚,足智多谋。正是赖其智谋,才使得斯基泰人在多瑙河地区屡屡战胜强敌。

譬如,在多瑙河南岸与劲敌——特里巴利人角逐时,苦于实力不足的阿提亚斯,曾多次巧用计谋,智退强敌。对这一片段,弗龙蒂努斯的记载非常生动:

> 当斯基泰国王阿提亚斯在和特里巴利人的众多部落作战时,他命令妇女、儿童和所有非战斗人员驱赶驴和牛组成的畜群到敌军的后方,且在畜群前面必须高举长矛。接着他散步谣言,说有斯基泰部落自远方前来增援。通过这种声明,他迫使敌人退却。[1]

波利亚努斯的记载和弗龙蒂努斯稍有不同:

> 正待与特里巴利人在战场上交战之时,斯基泰人命令农民和养马人,一俟他们看见部队与敌人交锋,就在远处驱赶马群。因此当他们出现之时,特里巴利人从远处看见庞大的人群和马群形成的烟幕,听见此起彼伏的呐喊声,遂逃窜而走。因为特里巴利人认为这是北方的斯基泰人前来援助他们。[2]

通过这两则材料,我们可以看出,阿提亚斯在实力不足的情况下,会动员妇女、儿童或农民、养马人这些非战斗人员,制造人马众多、兵强马壮的假象,从而迫使敌人知难而退。这一幕在中国古代军事史上也曾多次发生。

不过,他很不幸。当他遇上了那一时代伟大的战术大师——马其顿腓力二世时,他的如意算盘就曾落空,并搭上了性命。其实,两人起初是盟友。当初阿提亚斯在多瑙河南岸征战时,遇上了希斯特里亚人这个劲敌。苦于实力不足,阿提亚斯曾通过阿波罗尼亚人向马其顿国

---

〔1〕Frontius, *The Stratagems*(《谋略》), II, Loeb Classical Library, Cambridge, MA: Harvard University Press, 1997,pp. 4,20.

〔2〕Polyaenus, *Strategema*(《战略学》), VII. p. 44, from John Gardiner-Garden, "Ateas and Theopompus"(《阿提亚斯与提奥庞普斯》), in *The Journal of Hellenic Studies*, Vol. 109(1989).

王腓力二世结盟求援,答应事成之后收腓力为养子,日后由其继承斯基泰人的王位。于是,腓力二世派遣了一支军队前去增援。正在这时,希斯特里亚国王死去,阿提亚斯遂毁约,不再与腓力结盟,并遣返马其顿援军。为此,腓力二世与阿提亚斯反目成仇,通信数次,谴责对方,互不相让,以致两军最终在多瑙河畔兵戎相见。

在战斗中,斯基泰人在勇气和人数上占优。同时,马其顿士兵素闻斯基泰人威名,颇为忌惮斯基泰人的骑兵。预计在正常情况下马其顿人会抵挡不住斯基泰人的攻击,腓力二世动了一些脑筋,想出了一招置之死地而后生的策略。他将他最信任的骑兵排在阵后,命令他们不允许任何一名战友在战斗中后退,如果有战友持续后退,格杀勿论。此言一出,马其顿三军用命,无不奋勇向前,即使最怯懦的人也不吝生死勇敢冲杀,因为他们宁愿死在敌人手里,也不远死在自己战友手中。如此这般,腓力在白天赢得了战斗的胜利,战胜了所谓不可战胜的斯基泰人。

不过,古典作家对此战的过程没有详细描述,我们无法对斯基泰人骑兵与马其顿步兵的优劣进行详细比较。不过,总而言之,在严厉的战场纪律下,马其顿步兵方阵是不输于斯基泰人骑兵的。

6.2.2.4 具体的骑兵作战

以上对斯基泰人的几次对外战争之介绍往往大而化之,非常概括。究其实质,是因为古典作家对这些战争的细节没有详加记载。相比之下,狄奥多罗斯记录的公元前 4 世纪末斯基提亚东部边境的一次战斗,则弥足珍贵。它首次完整而全面地展示了斯基泰骑兵具体的作战方式和战术素养。公元前 310 或 309 年,博斯普鲁斯国王佩利萨德一世驾崩,国王最年长的王子萨特卢斯(Satyrus)继承王位,但其弟欧迈鲁斯(Eumeles)心有不甘,意欲染指王位。他从都城潘蒂卡佩逃走,渡过辛梅里安博斯普鲁斯海峡(今刻赤海峡),避难于锡拉西人(Sirac-es)那里。其时,游牧的锡拉西人生活在北高加索的库班河流域,刚成为博斯普鲁斯王国的附庸不久。他们想抓住这一千载难逢的机会解放自己。于是,他们站在了欧迈鲁斯一边,在其国王阿瑞法尼斯

（Aripharnes）的率领下组织了一支有 22000 骑兵和 20000 步兵的军队，来对抗萨特卢斯。[1]

为镇压叛乱，萨特卢斯也组织了一支大军。其中，有 4000 名希腊和色雷斯雇佣兵。很有可能这些希腊人是重装步兵，而色雷斯人则是持小皮盾的轻装步兵。不过，因为博斯普鲁斯王国与斯基泰人长期保持联系，因此他麾下主力则是斯基泰人，有 10000 骑兵和 20000 步兵。

总之，萨特卢斯一方总共有 34000 人，而欧迈鲁斯和锡拉西人则有42000 人。就双方军队中的骑兵对步兵的比例来说，在萨特卢斯的军队中是 1:2，在锡拉西人军中则为 1:1。应该说双方军队中的骑兵所占比重很大，在古代没有哪支军队配有如此多的骑兵。即使是非常重视骑兵的军事天才——亚历山大，其麾下的骑步兵比例也只有 1:5 或1:6。因此，可以说在斯基泰时代黑海北岸各民族军队的一大特色是骑兵所占比重很高，有时甚至超过步兵。就双方的兵员比较而言，欧迈鲁斯和锡拉西人的军队总体兵员数量占优，不仅如此，他们的骑兵有20000 名，比斯基泰人的 10000 骑兵整整多了一倍。从武器角度来说，狄奥多罗斯没有记载，但我们推测双方使用的武器应大概一致，不过斯基泰人的射手数量可能会多。[2] 接下来，我们看一下双方在战场上的实际表现。

作为进攻一方，萨特卢斯率军进入库班地区锡拉西人领土的腹地。因为远征异域，缺乏饲料，他们携带了大约数百辆马车饲料。当他们抵达一条名叫 Thatis 的河流时，他们发现敌人并没有列阵对面河岸，而是远离河岸来迎战。于是，萨特卢斯率军大胆渡河，在河对岸为他的马车群建造了一个坚固的堡垒。接着，他陈兵阵前，将希腊雇佣军安置在右侧，让他们以通常的方阵形式排列，且辅之以色雷斯的轻盾兵和一队斯基泰骑兵；左翼则由另一支骑兵和步兵分队来担当；在中间，按照斯基泰人的习惯，排列的是骑兵包括斯基泰人和重装的博斯普鲁斯

〔1〕Diodorus, *The Library of History*, Loeb Classical Library, Cambridge, MA: Harvard University Press, 1935, XX. 22 – 26.

〔2〕E. V. Cernenko, *The Scythians: 700—300 B. C.*, p. 31.

贵族,他们由萨特卢斯亲自率领冲锋陷阵。

狄奥多罗斯几乎没有告诉我们锡拉西人一方具体的战斗部署。总体来说,他们和萨特卢斯一方的布阵相似:欧迈鲁斯率一队骑兵充任左翼,辅之以希腊和色雷斯雇佣兵,两翼都是重装步兵对重装步兵。阿瑞法尼斯位于阵中,率领着他的骑兵主力,以重装骑兵为先锋。[1]

当战斗一打响,双方都蒙受了很大损失。最初欧迈鲁斯在左侧势头很猛,萨特卢斯麾下的那些希腊和色雷斯雇佣兵抵敌不住。在中军,博斯普鲁斯国王则率领他的斯基泰骑兵一路向前,甫一接战即冲垮了阿瑞法尼斯的骑兵;接着,他们又冲破敌人的第二道防线,旋即迫使敌人逃窜。萨特卢斯率军追击。途中,他闻听欧迈鲁斯在右翼占据上风,遂领兵迂回到欧迈鲁斯军队的后方,予以猛击,终结了他在左翼的暂时胜利,迫使其狼狈逃窜。之后,参战的锡拉西人军队无不闻风而逃,于堡垒中避战不出。

由上所述,这场战斗中凸显了斯基泰骑兵具体的作战方式和优秀的战术素养。其一,他们能以少胜多,击溃双倍于己的锡拉西骑兵。这是由严格的纪律和其首领的不可动摇的权威以及每个战士的单兵能力决定的。其二,斯基泰骑兵在突破敌人防线之后,能够在密集的战斗中再次组队,且能在敌人的第二主体即另一方向发动第二次攻击。在古代,很少有军队能具备这样的移动能力。

---

〔1〕E. V. Cernenko, *The Scythians:700—300 B. C.*, pp. 31 – 32.

7　斯基泰人的艺术

在逐牲畜寻觅水草的日常生活中，在戎马倥偬的征战岁月中，作为游牧民族的斯基泰人，也不乏艺术情调。由于长年累月在马背上过着草原生活，每日里放牧牛羊，追猎鹿群和野驴，观看狼群在广袤的草原上捕捉羚羊，因此斯基泰人和欧亚草原其他游牧民族一样，最初无不以他们在日常生活中最为熟悉的动物作为器具造型的主题，精雕细琢，形成了驰名世界的"斯基泰动物风格艺术"。

在此首先解释一个名词，什么是"动物风格"（Animal Style）艺术？所谓动物风格艺术，是一种以动物造型作为器具造型或装饰主题的艺术风格，流行于上古时期广袤的欧亚草原，为众多的草原游牧民族所喜爱。其中，发源于中亚、较早接触到西亚、希腊等文明世界的斯基泰人所创作的动物风格艺术，无疑水平最高，最具有代表性。

由于斯基泰人游牧生活的特性，既无固定的居所，又无恒久的领地，大型的浮雕或辉煌的建筑修筑殊为不便，因此斯基泰人往往用动物造型来装饰功能性的日常用品，如武器、马具、衣服和宗教器皿等，具体体现在：个人戴的帽子、耳饰、颈饰、手镯、金带，供战斗用的弓箭、短剑、战斧、甲胄，马鞍、辔头等马具，还有毛毯、花瓶等日用品和装饰品。这些器物的做工十分精细，往往嵌有黄金，或径直以黄金为装饰材料，装饰的花纹和图案大都以动物为主题，风格也不是简单的写实，而是在写实的同时，做了程式化甚至是徽章学的处理，透露出一种诡异和细腻。

然而，正如斯基泰人变动不居的游牧生活一样，斯基泰艺术自其产生之日起，即与外来民族或文明世界的各种艺术互相渗透，自身也在不断发生变化。本章拟叙述对外交往过程中的斯基泰艺术。

·欧·亚·历·史·文·化·文·库·

7.1 近东影响下的斯基泰动物风格艺术

毫无疑问,从一开始,斯基泰人就非常喜欢动物风格艺术。在南西伯利亚和中亚,斯基泰人的先民清楚地显示出他们对装饰器物、人体、饰以黄金的马匹以及精致的毛毡、皮革、木料和简洁图腾的偏好。更为清晰的是,从公元前 8 世纪阿尔然(Arzhan)的古冢开始,斯基泰—西伯利亚牧民的考古遗存就确定无疑地说明当地这些居民是熟练的青铜铸造者,而来自阿尔然的大型猫科动物圆盘和在那一地点以及其他许多塔加尔(Tagar)器物上的精美杆头饰都毫无疑义地证明了斯基泰先祖已经发明了一套较为复杂的青铜冶炼技术。早期斯基泰考古指出这种技术为斯基泰人所继承,同样继承的还有一套共同的器物类型学和肖像学的熔铸技术。因此,可以说斯基泰人从中亚、西伯利亚老家带来了大部分的动物主题及对动物风格艺术的浓厚兴趣,还有最初的铸造技术。

然而,斯基泰动物风格艺术真正成熟,还是要从征战近东、西亚世界说起。在那里,斯基泰人吸收了当地尤其是亚述—巴比伦的先进的冶金技术和金制品制作技术以及某些动物主题,推陈出新,形成了一定的艺术规范和艺术手法。例如,库班地区克列尔梅斯库尔干出土的铁金合金斧子在这方面是个不错的例证。它刻画了一棵生命树旁两只长着大弯角的野山羊和一些美丽的鹿。这些都是典型的古代亚述—巴比伦主题,且在描绘动物时采用现实主义手法,艺术形式明显带有亚述动物艺术的影子。然而,它所采用的装饰手法是典型的斯基泰式的。[1]

就这样,在近东西亚艺术的熏陶下,到公元前 6 世纪,斯基泰动物风格艺术已经初步成熟。早期斯基泰动物艺术风格的特征主要是有蹄类动物(鹿、山羊)作屈腿状,猫科猛兽(豹子)蜷曲成环形,鸟或鸟头则带有巨大的鸟喙。不仅如此,这些动物的爪子、眼睛、趾甲、角、耳朵

─────────────────

[1]勒内·格鲁塞:《草原帝国》,蓝琪译,项英杰校,第 32 页。

往往进行再加工,给人一种极具艺术夸张力的感觉。总之,此时斯基泰人装饰的都是彪悍有力或迅疾敏捷的动物,这与斯基泰人追击、破敌和时刻戒备的强烈愿望是一致的。[1] 除此,我们还可以看到许多从近东西亚世界借用的形象,如有翼的守护神、动物的女主人、合二为一的狮子—公牛、格里芬、羊科动物和树。这方面最突出的例证是在基洛夫格勒附近梅尔古诺夫古塚中出土的一把套着金鞘的铁剑,金质剑鞘上有几只张弓引箭的有翼狮、人面的有翼牛、靠近生命树的有翼神以及典型的亚述花斑纹等图形,而这些图形都是亚述艺术的典型主题。[2] 不过,总体上来说,这时虚幻的动物、人物形象以及植物纹饰尚未成为斯基泰人动物风格的流行主题。

为了表现上述动物主题,斯基泰人主要运用两种艺术手法,一种是器物表面采用块面结构,忽略原来动物身体的弧面,造成一种木刻的效果,从而使器物表面简洁有力,富有立体感。另外一种是"动物形象结合法",又称"叠加组合",指在一个动物身上叠加上体型缩小的同类或其他动物,以刻画特定的细节。一般首先在动物肢体的末端使用,而后被用来刻画其他部位。[3] 例如,猛兽的趾甲、尾巴和爪子常常表现为猛禽头形,有时则在这些部位置以完整的动物图像,如此,则可以起到丰富作品表现力的作用。在一些较大的艺术作品上,我们能够直观地察觉出一种力图充实所有可用空间的渴望。

这一时期斯基泰风格的鹿,鹿头一般向前伸展,鹿眼嵌入琥珀,鹿腿和鹿脚折入腹下,枝状的鹿角则以卷曲状螺旋形的程式化姿态沿着其脊背往后伸延。这里的典型代表就是库班地区的科斯特罗姆斯卡雅(Kostromaskaya)库尔干出土的盾形徽章上昂首屈足的卧金鹿形象(见图 7 - 1[4])。黑海东岸库班地区克列尔梅斯库尔干一期文化层出土的盾形浮雕上的垂头吊足豹,其主题显然袭自近东,但被赋予了独

〔1〕阿尔茨霍夫斯基:《考古学通论》,楼宇栋等译,科学出版社 1956 年版,第 187 页。

〔2〕阿尔茨霍夫斯基:《考古学通论》,楼宇栋等译,第 189 页。

〔3〕郭物:《马背上的信仰:欧亚草原动物风格艺术》,人民美术出版社 2005 年版,第 56 - 57 页。

〔4〕http://www.hermitagemuseum.org/html_En/03/hm3_10 - 1_00_05.html 2011 年 2 月 14 日查阅。

特的斯基泰技艺(见图7-2[1])。雕像的眼睛、鼻孔和华丽的耳朵都嵌有琥珀和珐琅,颈、肩、腹、腰和腿部都被设计成平面,而爪子则呈现为微型的蜷曲式豹子,眼睛、耳朵和鼻孔则变成了大型动物的个体爪子,尾巴则是6个连续卷轴姿势的小型豹子。除此,其他动物形象的金属器皿和装饰也是造型别致,另有一番风味。受乌拉尔图文化或塞浦路斯文化的影响,从公元前6世纪开始,斯基泰铜鍑用圆雕的大角羊作为铜鍑的器耳,起初为两个器耳,后来逐渐增多,显示出动物风格艺术在炊具中的应用(见图7-3[2]),而各种带铃铛的动物造型杆头饰,显示了动物主题或动物风格的艺术在斯基泰宗教文化中具有重要地位见图7-4[3]。[4]

图7-1 科斯特罗姆斯卡雅库尔干出土的盾形徽章上昂首屈足的卧金鹿形象

〔1〕http://www.hermitagemuseum.org/html_En/03/hm3_2_6b.html 2011年2月14日查阅。

〔2〕http://www.hermitagemuseum.org/fcgi-bin/db2www/descrPage.mac/descrPage? selLang = English&indexClass = ARCHEOLOGICAL _ EN&PID = 1654 ^ 1&numView = 1&ID _ NUM = 74&thumbFile = % 2Ftmplobs% 2FPPNJW2XQOJ1F61UZ6. jpg&embViewVer = noEmb&comeFrom = quick&sorting = no&thumbId = 6&numResults = 107&tmCond = scythian&searchIndex = TAGFILEN&author = 2011年2月14日查阅。

〔3〕http://www.hermitagemuseum.org/fcgi-bin/db2www/fullSize.mac/fullSize? selLang = English&dlViewId = FJ9YFE6TSLP5V $ LN&size = small&selCateg = archeological&dlCategId = SQQX-NB6CUDL1RXJ7&comeFrom = quick 2011年2月14日查阅。

〔4〕郭物:《马背上的信仰:欧亚草原动物风格艺术》,第56-57页。

图 7 - 2　克列尔梅斯库尔干 1 期文化层出土的盾形浮雕上的垂头吊足豹

图 7 - 3　公元前 5—前 4 世纪斯基泰人的铜鍑

·欧·亚·历·史·文·化·文·库·

图7-4　公元前6世纪末5世纪初斯基泰人的杆头饰

7.2　斯基泰艺术的辉煌
——希腊—斯基泰艺术

　　前文说到,斯基泰艺术从其诞生之日起,即处在外来民族艺术的影响之下,其自身也在不断发生变化。其中,对斯基泰艺术发生演变影响最大的当属希腊艺术。可以说,自从斯基泰人出现在黑海北岸开始,斯基泰人和希腊人也就展开了艺术交往。

　　艺术交往,从属于一定的政治经济交往。就希腊、斯基泰两者的艺术交流而言,它必须以一定的实用物品为载体。因为当时斯基泰人的艺术并未独立出来,成为一部分人的专职工作,而是从属于手工业,是手工匠人为装饰实用物品而进行的一种业余的自发的创作。因此希腊人和斯基泰人的交往,很大程度上与希腊人和斯基泰人的政治经济交往相伴始终,须臾不离,只是在这个过程中显露出一些不同于政治经济文化交往的特性,即形成了混合型的希腊—斯基泰艺术。

　　黑海北岸希腊殖民城邦建立后不久,希腊人和斯基泰人就有来往,希腊人就开始为斯基泰人制作物品,希腊艺术影响也随即开始渗透到斯基泰动物风格艺术中去。在梅尔古诺夫(Melgunov)古塚中,除了斯基泰—亚述风格的器物之外,考古学者还发现了一个黄金饰板,上面的浮雕刻画了一只猴子和鸟类。有学者断定这可能是希腊—斯基泰艺术结合产生的一个早期作品。然而,这一时期的希腊艺术也是东方化的,因此很难辨别南俄发现的诸如此类的东方化器物究竟哪些来自希腊,哪些来自近东。[1] 而有些物品上面的装饰风格和许多主题则明显是希腊式的。克列尔梅斯 4 号库尔干,出土了一个公元前 600 年左右制作的非常精美的金银合金质镜子(见图 7 – 5[2]),其背面明显具有希腊风格,圆盘镂雕冲孔而成,共分为 8 个部分,每个部分分别刻有两只斯芬克斯像,一个传奇英雄人物,两边是两头狮子和相对而立的野兽。[3] 同样的情况还存在于北德维特斯菲尔德(Vettersfelde)出土的一个斯基泰武士的马饰和盔甲饰品上。这件器物大概在公元前 6 世纪末制造,其作品形状完全是非希腊的风格,但造型和大型器物上的动物装饰风格则是纯爱奥尼亚式的。[4]

图 7 – 5　克列尔梅斯 4 号库尔干出土的公元前 600 年左右制作的金银合金质镜

在动物主题方面,从公元前 6 世纪中叶开始,古老的主题虽然继续存在,但出现了很多变化,预示着重大变革的开端。其时,豹子开始呈现狮子的特征,鸟类开始有羽冠并像格里芬那样,鹿在鹿角和部分身体上开始长出鸟头。不仅如此,这一时期,狮子、公羊、山羊、狐狸、斯芬克

〔1〕John Boardman, *The Greeks Overseas：Their Early Colonies and Trade*(《海外希腊人：他们的早期殖民地与贸易》), London：Penguin Books, 1964, p. 258.

〔2〕http://www. hermitagemuseum. org/html_En/03/hm3_10 – 1_00_02. html　2011 年 2 月 14 日查阅。

〔3〕Jane Turner, *The Dictionary of Art*(《艺术词典》), Vol. VIII, New York：Grove, 1996, s. v. Scythian Animal Style, p. 322.

〔4〕John Boardman, *The Greeks Overseas：Their Early Colonies and Trade*, p. 260.

斯、格里芬[1]和撕咬公牛的狮子等动物形象大都是希腊—爱奥尼亚艺术中的主题,少部分主题是东方式的,但处理技巧是希腊式的。与此相比,克里米亚库尔奥巴斯基泰墓中出土的一只金鹿,其希腊特色更为鲜明(见图7-6[2])。其造型式样不完全是斯基泰式的,其上叠加的小浮雕完全按照希腊风格制成,散发着浓郁的希腊韵味。与统一的更自然化的"动物风格"主题相比较,这里的希腊式特征更为明显。[3] 不过,总而言之,这一时期斯基泰动物风格艺术受希腊影响不大,仍属于原生态阶段。

图7-6　克里米亚库尔奥巴斯基泰墓中发现的金鹿

公元前5世纪,在希腊人的影响下,斯基泰动物风格艺术发生了许多变革。动物形象有所变化,牡鹿角末梢长出的鸟头样式,在公元前5世纪取代了早期艺术样式,流行起来。早期只是单纯的鸟头,到公元前5世纪末,鸟头逐渐被格里芬头所取代,且鸟头上长出了尖耳,显示出强烈的希腊文化特色。不仅如此,希腊影响也带来了一些新的不同于东方式的主题,如七兄弟库尔干墓葬中希腊输入品上的斯芬克斯、猫头鹰和森林之神——西勒诺斯(Silenus)形象[4]。斯基泰早期艺术很

---

〔1〕古希腊神话传说中的一种野兽,狮身鹰头鹰翅。

〔2〕http://www.hp.uab.edu/image_archive/uj/plaque06.jpg　2011年2月14日查阅。

〔3〕John Boardman, *The Greeks Overseas: Their Early Colonies and Trade*, p.262.

〔4〕Jane Turner, *The Dictionary of Art*, p.323.

少刻画人物,且其动物主题本质上自成体系,或具象征意义,或具装饰作用。但到公元前 5 世纪,希腊输入的器物带来了一套富有肖像创作复杂性的观念,并给斯基泰动物主题赋予了一种叙述性结构的观念,亦即开始用图像来叙述故事。结果,像猛兽撕咬猎物一类的形象开始出现在了南俄,一般表现为狮子或格里芬袭击牡鹿、山羊、马或野猪的场景。典型的制成品是来自伊利科沃(Ilychovo)墓葬中的箭袋图案上的一个片断,刻画了一只蹲伏着的牡鹿受到狼、鹰和蛇之攻击的情景[1]。捕捉马匹场景的出现说明了一种新的艺术融合,即将鸟爪和鸟喙化的鹿头这些元素糅合起来。斯基泰动物风格中虽然开始出现了掠食的场景,但其传统的特色依然没有完全丢失。格鲁塞曾把斯基泰动物风格艺术、匈奴艺术与亚述—阿黑门尼德艺术、中国艺术做过对比。他认为,从内容上看,它们都有相似之处,所刻画的都是狩猎以及动物搏斗的场景;但从表现手法和艺术效果来看,差异很大。亚述—阿黑门尼德艺术或中国汉朝的艺术是古典主义派的,线条简洁;而斯基泰动物风格艺术则偏好层层涂色、扭曲和涡卷纹。亚述人及阿黑门尼德王朝的人们以及中国的艺术家所刻画的动物形象是行走状态的,是"在一个简单、虚构的背景中潜行觅食的动物互相追逐或挑战的场面";而斯基泰人或匈奴人的作品里,表现的则是动物之间殊死搏斗的场面,"常常像盘根错节的蔓藤一样缠绕在一起。他们的艺术是一种戏剧性的艺术,或表现断肢少翅的鸟,或表现被豹子、黑熊、灰色大鸟(格里芬)捕捉住的鹿和马,牺牲者的躯体常常完全卷曲成圆形。图中没有疾速,没有逃避,牺牲者表现了至死拖住凶手的情景。如果不是为了华丽的风格,尽管表现得'慢条斯理',仍具有可以达到悲剧高度的内在动力。通过这种风格,动物的形态交织在一起,并且是精心制作出来的,这通常便从屠杀中抹去了所有的现实主义。"[2]

到公元前 4、前 3 世纪,斯基泰国家空前强大,黑海北岸希腊城邦

〔1〕Jane Turner, *The Dictionary of Art*, p. 323.

〔2〕勒内·格鲁塞:《草原帝国》,蓝琪译,项英杰校,第 21 页。

繁荣昌盛,双方交往日趋频繁。博斯普鲁斯王国希腊城邦的希腊手工作坊,应斯基泰贵族主顾要求,为其生产金银制品,在艺术风格方面对斯基泰的传统动物艺术产生了相当影响,形成了一种希腊元素与斯基泰元素杂糅的希腊—斯基泰艺术。在这种艺术中,动物主题变化较多,豹子已经全部被狮子所取代,鹰被格里芬所代替,牡鹿则为处于自然状态的马所替换。与此同时,人的形象、植物图案、自然风景则被纳入到斯基泰的动物风格艺术之中。希腊手工工匠对这些主题交叉组合,用以描述斯基泰人的日常生活场景,从而为我们提供了关于斯基泰人的形象化记载。可以说,人物描写和叙述性的肖像画法是这一时期南俄草原斯基泰人流行艺术的两大鲜明特征。在技术处理上,博斯普鲁斯王国的手工工匠广泛使用金银丝细工和粒面细工技术,从而使斯基泰人原有的动物风格艺术更趋丰富。

希腊—斯基泰艺术中最著名的两件代表作品,就是车尔托姆利克(Chertomlyk)双耳细颈瓶(见图 7 - 7[1])和托尔斯塔雅莫吉拉(Tolstaya Mogila 或 Tovsta Mogila)胸饰。镀银的车尔托姆利克双耳细颈瓶,于 1863 年在第聂伯河下游车尔托姆利克墓葬中出土。它有 3 个喷嘴,中间的是一个带翼的马头鱼尾海怪形状,侧面两个呈狮头状。容器主体饰有凸起的雕花及镀金莨苕叶、莲花和其他花卉植物图案。肩部有两组带状装饰:上面一组描绘了格里芬攻击牡鹿的场面;下面一组则刻画了斯基泰人的驯马场面,驯马的全部过程都有表现——擒马、调教以至最后的驯服。这些场景都来源于斯基泰人熟悉的日常生活[2]。

来自托尔斯塔雅莫吉拉的新月形黄金胸饰,是希腊—斯基泰艺术中最出色的一件(见图 7 - 8[3])。这件器物颇为厚重,重 1 公斤多,直径 30 多厘米。它有上下 3 层图像,均用金丝瓣隔开。上层(内层)描述了斯基泰人的生活场景[4]。场景中,两个赤膊男子解下箭袋,各揪

〔1〕http://vm. kemsu. ru/en/skyth/skyth - chertomlyk. html 2011 年 2 月 14 日查阅。

〔2〕Jane Turner, *The Dictionary of Art*, Volume VIII, s. v. Scythian Animal Style, p. 323.

〔3〕http://vm. kemsu. ru/en/skyth/skyth - pectoral. html 2011 年 2 月 14 日查阅。

〔4〕阿尔茨霍夫斯基:《考古学通论》,楼宇栋等译,第 191 页。

图 7 - 7　车尔托姆利克(Chertomlyk)双耳细颈瓶及擒马、驯马的局部图

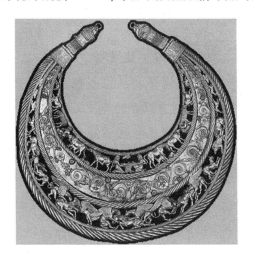

图 7 - 8　托尔斯塔雅莫吉拉胸饰

着衣服的一只袖子,正全神贯注地缝制一件毛皮衣服。这两人左右两侧,排列着两行头向相反的牛马哺幼畜图。右边一匹母马正在给马仔喂奶,左面一匹公马正用后蹄搔前腿,而马仔则伏身在旁。马匹两旁是奶牛,一头在哺乳,另一头正在生产。旁边,一个斯基泰青年正给一头母牛挤奶,另一个则坐在一头绵羊身边,正在打开一只双耳细颈瓶。山羊紧随其后,飞翔的水禽形象则又构成了另一端的带状装饰。以上每个图像都是单独铸成,然后用金丝瓣焊接起来。中间部分是整块薄叶

上的植物纹,是一种卷须主题,在一个金属底板上填充鸟类和镶嵌白色花卉图案而成。根据米夏埃尔·普夫朗默(Michael Pfrommer)的详细研究,这一部分图案体现的内容和南意大利有着密切关系,很有可能是在南意大利传统的影响下创造出来的。[1] 下层图像是一种带状装饰,全是动物争斗图,刻画了3组格里芬正在撕扯中间的3匹马,侧面则是一只豹子正在攻击一头牡鹿,一头狮子正在攻击野猪。再往边上,靠近组画的两端是一条灰狗正在追逐一只野兔,它们的尾端则饰有成对的蝉。对于这些主体和场景,用任何精确的语言解释都是不可能的,但它们可能反映了一个关键性的内在主题,即与部落统一或分裂的密切关系。这一解释,是由下面带状装饰上激烈的对抗场景和上面带状装饰上的田园牧歌式场景(那里有两个战士在友好地缝制一件男用无袖短上衣,而只有其中一人可以穿)的鲜明对比揭示出来的。同样,这件器物也完美地体现了斯基泰艺术和希腊艺术的结合,上层带状横饰刻画的人物的非希腊特征以及掠食的场景说明了斯基泰趣味的参与,因为在希腊的观念世界此类作品是不可想象的。同理,希腊的金银丝细工和粒面细工技术又使斯基泰人传统的主题和非希腊特征得到了较好的表达。

其他物品所采用的复杂的肖像画法是为了刻画独特的故事。有时这些故事很明显具有希腊背景,例如,来自车尔托姆利克和梅利托波尔(Melitopol)库尔干的箭袋封套上的装饰就清晰地描绘了阿喀琉斯青年时代的生活场景。其他的则可能与斯基泰神话有关,例如,来自刻赤附近库尔奥巴库尔干的一只金银合金瓶上的人物群像(见图7－9[2]),描绘了两个拿矛的战士正坐在一起交谈,其中一个在医治一条伤腿,另一个则在治疗疼痛的牙齿,还有另一位独处的人物,正在摆弄弓弦。简而言之,这里表现的是战斗间歇的一幕。莱夫斯基(Raevski)

---

〔1〕Jane Turner, *The Dictionary of Art*, Volume Ⅷ, s. v. Scythian Animal Style, p. 323.

〔2〕http://www. hermitagemuseum. org/fcgi – bin/db2www/fullSize. mac/fullSize? selLang = English & dlViewId = T $ % 2B40OU2VAUXCSIY % 2B23I & size = big & selCateg = archeological & dl-CategId = GHLF% 2B23UAMLXIYOUG% 2B23 & comeFrom = quick   2011 年 2 月 14 日查阅。

按照希罗多德给出的斯基泰人起源神话,特别将其解释为,即3个儿子阿伽杜尔索斯、盖洛诺斯、司库铁斯通过拉开塔尔吉塔欧斯(斯基泰人所称的赫拉克勒斯)之弓的测试方式,来看谁能争得王位,但这种解释在细节方面并不能让人满意。[1]

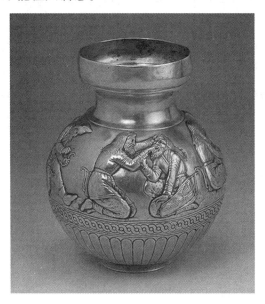

图7-9 库尔奥巴库尔干出土的金银合金瓶

总之,在斯基泰人与希腊人长达千年的接触和交往中,斯基泰人从文化发达、艺术繁荣的希腊人那里所获良多。从斯基泰动物风格艺术的发展来看,斯基泰人从希腊人那里学得了古典文明世界精致典雅的艺术风范,逐步扬弃了动物风格艺术的原始性和野性。用罗斯托夫采夫的话说,这种趋势从公元前5世纪起即已开始,当时斯基泰动物风格艺术已经失去了很多的原始性和野性,到公元前4至前3世纪时,这种趋势仍在延续。

然而,希腊艺术对斯基泰艺术的影响并不总是积极的,这一点从来自库罗巴库尔干的盾形徽上的牡鹿形象即可看出。150年后在科斯特洛姆斯卡雅发现的牡鹿,也显现出这一倾向。它嵌有琥珀质的眼睛,

〔1〕Jane Turner, *The Dictionary of Art*, p.324.

呈"S"状弯曲的鹿角和交叠的腿脚,在制作技术上显得并不纯熟,也不有力,仅有一些较小的(凸纹面,金属细工的)的动物形象,并未尝试对牡鹿的某些部分加以变形、精雕细琢,而只是机械地在臀部、腹部、颈部下缘安放了一头格里芬、一头狮子、一只野兔和一条灰狗等小动物。而这些小动物的形象显然是直接仿自希腊式原形,没有进行再创造,作为主体的牡鹿则拙劣地按照草原艺术程式化地做工,缺乏创意。对于后期斯基泰动物艺术,罗斯托夫采夫亦作有评论,他认为,在斯基泰国家西部的第聂伯河和顿河地区,斯基泰动物风格艺术在公元前4、前3世纪没有发展。在西斯基提亚,这一时期的动物风格艺术已呈垂死之态,没有形成新的表现形式,没有出现具有创造性活力的标志性作品,有的只是古代图案的简单重复。他以索罗哈(Solokha)的镀金剑鞘为例,指出当地艺术家选择了以爱奥尼亚样式的狮子撕咬鹿的主题,但狮子的形象只是表现手法的简单再现,并不典型,也没有体现出造型价值。其他主题如鹿,以前在波斯艺术影响下的早期鹿的形象,被简单刻画成了平面结构的头像,暗示着这一主题已经完全走向衰落了。其他数千件作品的情况也与此相似。[1] 由此看来,在与拥有先进文化的希腊人交往的过程中,斯基泰人并不总是百利尽获,在有所得的同时,也是有所失的,尤其是代表其民族性的某些标志性特征在强势文明的冲击下已经式微。

斯基泰动物风格艺术没落了,但动物风格艺术并未衰落,因为斯基泰动物风格艺术的衰落与当时南俄草原上的混乱局势有关,是由斯基泰人当时整体的政治经济低迷所造成的,并非动物风格艺术本身的生命力耗尽。事实上,通过与其他蛮族群体——凯尔特人、色雷斯人以及日耳曼人的接触,此时动物风格艺术已传遍中欧和北欧,融入到许多土著部落的民族艺术中去了。从纵向的历史来看,动物风格艺术本身也仍在不断地新陈代谢。当拥有先进冶金技术的萨尔马特人来到南俄草原之后,动物风格艺术在这一地区得以复兴,并得到了发展,形

---

[1]M. Rostovtzeff, *Iranians & Greeks in South Russia*, p. 201.

成了彩饰风格艺术。在民族大迁徙前后，这一艺术随着萨尔马特骑兵的马蹄传到了高卢、不列颠等西欧地区，成为欧洲中世纪艺术取材的源泉之一，其中，中世纪欧洲著名的徽章艺术中的动物形象，直接继承了动物风格艺术的某些主题和创作手法。

8　斯基泰人物小传

了解一个民族,从人物肖像入手无疑是个便捷途径。然而,斯基泰人中的人物肖像,无论是群体肖像,抑或是个人肖像,皆因文献资料比较匮乏而显得颇为模糊。目前,斯基泰人中只有一些王室成员的名称为人所知,普通贫民罕见史载,青史留名者更少。即使斯基泰的王室成员,现有资料也难言丰满,多是片断,语焉不详,详细事迹无从稽考。不幸之中,司库列斯、阿那卡尔西司、阿提亚斯、西卢鲁斯等诸位国王或王子的奇闻轶事因为希腊罗马作家的记载而丰富少许,遂流传至今。

不过,由于斯基泰人自身缺乏文字,而这些希腊人的记载又常根据自己的需要多有改编,主观臆测的成分很多,因此这些记载并非完全可信。即使如此,我们也还是需要借助希腊人和罗马人的眼睛来描述一下斯基泰人,舍此别无他途。

8.1　民族主义的牺牲品——司库列斯

斯基泰国王司库列斯是斯基泰国王阿里亚佩铁司之子,具体生卒年代不详。其名字Σκύλης(Scyles),是斯基泰的王朝名称,来源于其先祖之一,这毫无疑问说明他身份高贵。按其和色雷斯国王铁列斯(Teres)和西塔尔凯斯(Sitalces)处于同一时代来判断,他大约生活在公元前5世纪上半叶。

就是这位名叫司库列斯的国王,在斯基泰历史上,曾率性而为,易服饰,操外语,娶希腊妇女,信外族之神,从而引发了一场政变,酿成个人悲剧。且从其出生时讲起。

8.1.1　希腊文化熏陶下的幼年

遵从欧亚草原游牧民族风俗,斯基泰国王阿里亚佩铁司生前至少有3个妻子,除一位为斯基泰妇女——欧波伊亚(Opoea)外,其他两位均来自外族。其中一位是来自色雷斯人的奥德利西亚王国的王室女子,其名不详,她生子欧克塔玛撒戴司(Octamasades);另一位则来自多瑙河畔的希腊城邦——伊斯特利亚,其名亦不为人所知,她为阿里亚佩铁司生下司库列斯。色雷斯和希腊妇女出现在斯基泰王室不是偶然的,她们是为了和亲而来。和亲的同时,亦带来了不同的文化,也为未来王室斗争埋下了伏笔。

父亲贵为斯基泰国王,母亲是希腊女子,按理说如此环境下长大的司库列斯应该既懂希腊文化,又熟悉斯基泰文化。然而,可能自小与母亲更为亲近,他受其母亲影响也更多一些,例如他从小就跟随希腊母亲学习希腊语言和文学,因此,他接受的希腊文化就多一些。熏陶既久,他成了一个热爱希腊文化的斯基泰人。

8.1.2 即位之后狂放不羁的生活

也许有人并不适合做国王,但命运无常,天仍将大任于斯人也。司库列斯或许就是这么一个人。一次,他的父亲——阿里亚佩铁司不幸中了阿伽杜尔索伊国王斯帕尔伽佩铁司(Spargapithes)的奸计,被害致死,司库列司登基为王。依照游牧民族收继婚的惯例,他还继承了其父那位名叫欧波伊亚的斯基泰族裔的妃嫔。

然而由于自小接受希腊式的教育,司库列斯并不安心做一名斯基泰风格的国王。因为他一点也不满足于斯基泰人的生活方式,他更喜好希腊式的生活方式。

于是,他把目光投向了近在咫尺的希腊城邦——奥尔比亚。这座城邦位于布格河和第聂伯河畔,由米利都人建立,其时商贾云集,文化昌盛。对司库列斯来说,这是了解希腊世界、体验希腊文化最便捷的去处。正是怀着这样的心理,司库列斯经常带着一支侍卫亲兵前往奥尔比亚。到那里之后,他一般会把这些亲兵留在城郊,自己进城。进城之后,则命奥尔比亚人关上城门,然后脱去斯基泰人的皮袍,换上希腊式的长袍,从而在奥尔比亚的公共场所出入,和当地人交往。逗留期间,他模仿希腊人生活,按照希腊的习惯祭祀诸神。不仅如此,他还娶了当

·欧·亚·历·史·文·化·文·库·

地的一个妇女,经常将她带到一所希腊式的住所。这是他在奥尔比亚为自己修建的一所住所,巨大而豪华,住所周围都是白色大理石雕刻而成的斯芬克斯像和格律普斯像。

如此这般,司库列斯在此过足希腊生活的文化瘾之后,则会再度穿上斯基泰人的衣服,离开奥尔比亚,重返草原。然而,他似乎知道自己这么做如果让斯基泰人知道不好,因此在斯基泰人中极为掩饰他这种亲希腊的行为,尽量不让斯基泰人知晓。在他逗留奥尔比亚期间,他的斯基泰随从并没有一同进城。希腊人之所以把守着城门,也是为了不让任何斯基泰人看到他穿希腊人的衣服,过希腊人的生活。

然而,司库列斯一味贪欢的行为终究还是泄漏了出去,他因此遭受了惩罚。有一次,当他正欲参加巴科司·狄奥尼索斯的狂欢秘仪时,出现了一个不好的征兆。他那巨大豪华的希腊式住宅中了天雷,毁于一旦。但司库列斯仍不管不顾,依然参加了秘仪活动。

正当司库列斯一心一意参加秘仪之时,发生了另外一件事情。一个奥尔比亚人到斯基泰人那里,去嘲笑他们,说:"你们斯基泰人嘲笑我们,说我们举行狂欢祭并在降神的时候发狂;但现在这个神却降到你们自己的国王身上,而他现在就正在参加狂欢祭并且给这个神弄得神魂颠倒哩。如果你们不信的话,那么就跟我来,我会把他指给你们的。"[1]

于是,斯基泰人的一些首要人物跟着这个奥尔比亚人,到了城内的一座塔楼上,目睹了司库列斯真实狂欢的一幕后,内心悲愤不已,返回后传告全军。全军遂叛变了他,推举其同父异母兄欧克塔玛撒戴司为王。无奈之下,司库列斯被迫逃亡到色雷斯。然而,厄运难逃,作为政治筹码,最后他还是被色雷斯引渡给斯基泰人,在多瑙河畔被斩首示众。

8.1.3 悲剧原因探讨

司库列斯其人其事或许是真实存在的。在今天离古希腊殖民城

---

〔1〕希罗多德:《历史》,王以铸译,第296页。

邦伊斯特利亚6公里处,考古学者曾发现过一枚金质的图章戒指,上面刻有希腊铭文ΣΚΥΛΕΩ(SKYLEO),描绘了一个坐在椅子上或王位上的斯基泰女神(见图8-1[1])。考虑到其希腊铭文意为"司库列斯的所有物",也考虑到其出土地点和司库列斯引颈受戮之处吻合,很有可能这就是司库列斯的个人饰品。[2] 除此之外,带有ΣΚ和ΣΚΥΑ等古希腊字母的钱币也在德涅斯特河地区发现过。这些都说明司库列斯并不是传说中的虚拟人物,而是真实存在的,希罗多德的描述是可信的。

图8-1 带有司库列斯名字的图章式戒指

既然司库列斯其人其事真实存在过,那么他被杀的原因是什么呢?对此,希罗多德曾提过不止一次。在讲述司库列斯故事之前,他说斯基泰人和其他的民族一样,极不愿意采纳异邦人的任何风俗,尤其是希腊人的风俗。他认为司库列斯的事件可以证明这一点。在行将讲完司库列斯故事之际,他又总结到,斯基泰人遵守自己的风俗习惯是一丝不苟的,他们对于那些把外国的风俗习惯加到他们自己的风俗习惯之上的人们,是像对司库列斯那样严厉惩罚的。[3]

习俗是王。这是希罗多德对于民族冲突和习俗的一般性解释。因为同样他也提到埃及人:"埃及人避免采用希腊人的风俗习惯,而一般说来,也就是避免采用任何其他民族的风俗习惯。可是,虽然其他埃及人都很小心地遵守这一点……"[4] 然而,希罗多德这样解释,无疑显

〔1〕Renate Rolle, *The world of the Scythians*, p.126.

〔2〕Renate Rolle, *The World of the Scythians*, pp.126-127.

〔3〕希罗多德:《历史》,王以铸译,第294、297页。

〔4〕希罗多德:《历史》,王以铸译,第147页。

得过于粗疏和笼统,不太精确。他只是说明了事情的现象,但并没有对这种现象背后的真相予以揭示。

我认为,司库列斯被杀乍看之下似乎是因为希腊习俗和斯基泰习俗存在冲突所致,但究其实质,则是因为两者在文化矛盾甚至冲突的背景下,司库列斯参加狂欢秘仪一事影响了王族斯基泰人赖以存在的"神权"基础。

从司库列斯的故事中,我们发现斯基泰人与外族,尤其是希腊人之间虽然在经济上交往密切,但在文化上却存在冲突。一方面,希腊殖民者在文化上持保守主义,坚持爱奥尼亚认同,如奥尔比亚人强调自己是米利都人;而另一方面,由于游牧生活正盛,斯基泰人坚持"草原本位"。因此,当希腊物品大量进入斯基泰人的草原后,斯基泰人的心理会有一丝紧张,产生某种文化危机,萌发一定程度的族群文化自觉意识,生发出排外情结。在物质上,他们可以输入和使用希腊物品,但在文化习俗上却依旧恪守游牧传统,抵制希腊文化,尤其是在宗教习俗上。

从希罗多德的记载我们可以看到,斯基泰人,准确地来说是王族斯基泰人信奉名祖神,也就是神即祖先,祖先是神。现今王族斯基泰人的权力及一切幸福都来源于祖先。对待这些名祖神,斯基泰人的态度是虔诚的,庄严肃穆的,他们在祖先面前毕恭毕敬,小心翼翼。因为祖先高兴,才会保佑风调雨顺,万事如意;祖先发怒,则会降下灾祸,使得六畜不兴,人有灾殃。他们只有小心供奉先祖神祇,才能保证全体斯基泰人的福祉。[1]

作为祖先的直系后裔,斯基泰人国王的权力或权威来源于神亦即祖先。作为祖先的代言人,斯基泰国王的一言一行无疑都是普通斯基泰人的风向标。如果斯基泰人国王在文化上,尤其是宗教这一精神的核心领域一味媚外,漠视斯基泰传统,那么他的君权就失去了合法性和神圣性,因此王族斯基泰人会毫不犹豫地出面干预,换人掌权,惩罚

---

[1]希罗多德:《历史》,王以铸译,第266-268页。

背叛者。

正因如此,司库列斯的悲剧命运才可以理解。他学习希腊人的语言和文字,喜欢希腊文学,这固然在某种程度上为斯基泰人所鄙视,但这些行为仍不致命。更为致命的行为是他信奉希腊人的神祇——狄奥尼索斯,参加这种狂欢祭。这种狂欢让人发狂,它与斯基泰人对待祖先那种毕恭毕敬的行为构成了鲜明对比。正是因为司库列斯改信了希腊人的神祇,遂触犯了全体斯基泰人的信仰问题,动摇了自己的权力基础。因此司库列斯的命运没有其他途径,只能以悲剧收场。

8.2　蛮族中的贤者——阿那卡尔西司

在古代地中海人眼中,斯基泰人生活在遥远的北方,那里冰天雪地,凄冷荒芜。处在这种穷山恶水的环境下,斯基泰人一般被视为野蛮之民,愚昧之族,未曾开化。然而,有一位斯基泰人在古代地中海世界却享有盛誉,以圣贤著称。据说,他的故事曾被编入课本,以致每一个学童都可能知晓。这个人就是阿那卡尔西司(Anacharsis)。

在古希腊罗马作家笔下,阿那卡尔西司(见图 8 - 2[1])是一位传奇人物。出身王室家族,身份高贵的他,喜欢外出游历,热衷学习外来文化,尤好希腊文化;他聪颖智慧,机制灵巧,在游历过程中广结良朋,切磋砥砺;他品德纯朴,性格善良,哲思不断,话语常成格言;他时运不济,命运多舛,结局非常悲惨。总之,在希腊罗马作家笔下,他的传闻轶事丰富,社会角色丰满,以贤达闻名于世,在某些作家笔下,他甚至和苏格拉底、柏拉图、亚里士多德等哲人贤者并列。在古代地中海世界,他能以一介蛮族身份,享有如此声誉,且跻身圣贤之列,不能不说是个奇迹。

8.2.1　希罗多德笔下的阿那卡尔西司

在古希腊,第一个讲述阿那卡尔西司故事的人是希罗多德。他在

---

〔1〕http://en.wikipedia.org/wiki/File:Anacharsis.jpg　2011 年 2 月 14 日查阅。

图 8-2 艺术家印象中的阿那卡尔西司像

谈到斯基泰人不喜欢异邦人的风俗尤其是希腊的风俗时,除了以司库列斯的故事为例说明外,还描绘了阿那卡尔西司的故事。希罗多德说阿那卡尔西司出身于斯基泰王室,是斯基泰国王——格努罗司的儿子。他曾离开斯基提亚,前往世界各地游历。一路上,他屡屡展现智慧。在返回斯基提亚的途中,他曾在今黑海海峡登陆。在那里,他看到库吉科司人(Cyzicus)为大母神举行夜祭,遂发誓,返国之后,他也要向大母神举行夜祭,奉献牺牲。回国之后,阿那卡尔西司果真没有忘记他曾经立下的誓言。在第聂伯河口处的一片森林里,他手拿小手鼓,身挂神像,裸体为女神举行祭仪。然而,事不机密,他为外族之神举行祭祀的事泄露出去,遂为斯基泰国王撒乌里欧斯(Saulinus)射杀。希罗多德说阿那卡尔西司是因为踏袭异邦人的风俗才被射杀的。而这些故事,是他在逗留奥尔比亚时,从斯基泰国王阿里亚佩铁司的管家——图姆涅斯那里听来的,而斯基泰的平民则不知道有阿那卡尔西司这个人。[1]

接着希罗多德又讲叙了他从伯罗奔尼撒人那里听到的一个说法。他们说,阿那卡尔西司受斯基泰国王派遣到希腊学习。返国之后,他向

---

〔1〕希罗多德:《历史》,王以铸译,第 294 - 295 页。

国王报告,所有希腊人除斯巴达人外都热衷学习,但是除了斯巴达人,所有希腊人都尚空谈。[1]

从希罗多德的讲叙中,我们仅知道阿那卡尔西司出身王族,聪慧,因崇信大母神而被杀。除此,并无太多具体细节。且从希罗多德坦诚提到的一点,即斯基泰人对阿那卡尔西司并不知晓一事来判断,阿那卡尔西司是否真有其人还是个疑问。

8.2.2 希腊文化的热衷者和殉道者

关于阿那卡尔西司,不管是否真有其人其事,其事迹自从希罗多德讲叙之后,便不断得到丰富。许多古希腊作家给其杜撰,让阿那卡尔西司的经历增添了不少耐人琢磨的细节,其故事更具有传奇色彩。

依司库列斯的双亲模式,阿那卡尔西司也多了一个希腊母亲,也会两种外语。其生活时代也具体而清晰起来。在古希腊作家心中,他和梭伦处于同一时代,两人曾发生过密切交往。

据说,阿那卡尔西司曾在外出游历时,到过雅典。甫一抵达,他就前去拜访梭伦。见面之前,他先让梭伦的仆人传话说阿那卡尔西司已到门前,希望与梭伦见面,成为朋友。梭伦以不如在自己家里和别人交朋友来回应时,阿那卡尔西司机智地说:"好吧,你现在是在家里,就把我当作你的朋友和客人罢。"梭伦欣赏阿那卡尔西司的机智,于是接待了他,同他交谈。[2]

更为重要的是,古典作家热切地将阿那卡尔西司塑造成一个热衷于希腊文化的人,在学习希腊文化上不落人后。正因如此,据说他是第一个被雅典市民授予市民荣誉的外邦人。他还曾被允许参加希腊大母神的艾留西斯秘仪,而这一秘仪原本是不允许不会说流利希腊语的人参加的。如此这般,阿那卡尔西司身份高贵起来。柏拉图曾将阿那卡尔西司与泰勒斯并称贤者,且认为阿那卡尔西司发明了许多设计巧妙的技术和实用器械。不仅如此,斯托布斯(Stobaeus)在其著作中,还

---

[1]希罗多德:《历史》,王以铸译,第295页。

[2]普鲁塔克:《希腊罗马名人传》(上),黄宏煦主编,陆永庭、吴彭鹏等译,商务印书馆1990年版,第170页。

133

x

让阿那卡尔西司自己开口表达他对希腊文化的热爱,说道,"在血统上我是一个斯基泰人,但在习俗上我不是。"[1]

在古希腊作家笔下,阿那卡尔西司生前如此热爱希腊文化,其死亡一事毫无疑问也体现了他为希腊文化殉道的精神。为此,他们重新演绎了希罗多德笔下阿那卡尔西司被射杀的一幕,使其更加具体细致地展现了一个希腊文化殉道者的悲惨命运。在第欧根尼·拉尔修(Diogenes Laertios)的笔下,阿那卡尔西司返回斯基提亚后,他特别热衷学习实践希腊的习俗。对于这种行为,斯基泰人惶恐不已,怕他有意颠覆国家的制度习俗。因此,当他与兄弟外出打猎时,他的兄弟射杀了他。当利箭射中他时,他大喊道,"在希腊我的名望给了我安全,而在自己的国家里它招致的嫉妒却毁了我。"[2]

为了此事,第欧根尼·拉尔修还专门为其写了诗歌体的墓志铭:

> 阿那卡尔西司完成了旅行,
>
> 想把斯基泰人变成希腊人,
>
> 从而激怒了他们;
>
> 就在他的说教燃起他们的心智之前,
>
> 一支流箭射倒了这个说教者[3]

显然,第欧根尼·拉尔修认为阿那卡尔西司是为了希腊文化而死。

8.2.3 蛮族中的贤者

然而,在古代,从埃福罗斯(Ephoros)开始,许多古希腊罗马作家却一反常态,并不强调阿那卡尔西司热衷希腊文化这一点。相反,他们觉得希腊人的生活腐朽堕落,而蛮族在生活上虽不曾开化,但纯朴自然,足资效法。为此,他们认为斯基泰人是高贵的野蛮人。自然,作为斯基泰人中最贤惠的人,阿那卡尔西司的蛮族身份被刻意凸显,他那未曾

---

〔1〕A. Macc. Armstrong, "Anacharsis the Scythian"(《斯基泰人阿那卡尔西司》), in *Greece & Rome*(《希腊与罗马》), Vol. 17, No. 49(Jan., 1948), pp.18–23.

〔2〕第欧根尼·拉尔修:《名哲言行录》(上),马永翔、赵玉兰、祝和军、张志华译,吉林人民出版社 2003 年版,第 65 页。

〔3〕第欧根尼·拉尔修:《名哲言行录》,马永翔等译,第 66 页。

开化的自然天性被有意强调。结果,他的地位被抬得很高,埃福罗斯甚至把他归入七贤之列。

在埃福罗斯笔下,阿那卡尔西司聪颖机智,发明过双头锚和陶轮。他性格节制,简朴,公平,而这一切都来源于斯基泰人那未曾开化的生活。

受埃福罗斯影响,此后许多关于阿那卡尔西司的传闻轶事开始刻画阿那卡尔西司蛮族贤者的形象,凸显其节制、简朴的特征。首先,他告诫人们在任何事情上都要适度,所以他反对酗酒。例如,曾有人问他,一个人怎样才能避免变成酒鬼,他回答说,"将那些醉汉们制造的可耻场面留在你眼前。"在当时,古典作家的笔下,他如此强调节制,以致雅典人在他的雕塑上径直刻着他的名言:"抑制讲话、贪食和肉欲。"[1] 他反对无节制的娱乐,在宴会上,他拒绝被专业的娱乐人员逗乐,并且讥讽猿,他解释说,猿从本性上讲是滑稽的,然而人类的实践行为其实也是如此。还曾有人问他斯基提亚是否有笛子,他回答,"没有,也没有葡萄树。"

其次,他强调回归自然,回归天性。例如,他甚至向克洛伊索斯解释说,最野蛮的动物也是最公正的和最聪明的生物,因为他们只为自由和天性而死,这是神的工作而不是法律,而法律是人类的习俗。为了发展这一理论,阿那卡尔西司给克洛伊索斯、汉诺(Hanno)等人写信赞美简朴自足的生活。[2] 如在归入他名下的一封写给汉诺的信中写道:

> 阿那卡尔西司向汉诺致敬:我所穿的衣裳是一件斯基泰披风,所穿的鞋子是我坚硬的脚板,大地是我的床。我吃的东西因为饥饿而具有味道,我不吃别的,只有牛奶、奶酪和肉。来拜访我吧,你会发现我在平静中。你如果想馈赠给我某些东西,就请给予你的同胞吧,或让不朽的神享有。[3]

---

[1] 第欧根尼·拉尔修:《名哲言行录》,马永翔等译,第66页。

[2] A. Macc. Armstrong, "Anacharsis the Scythian", in *Greece & Rome*, Vol. 17, No. 49(Jan., 1948), pp. 18–23.

[3] http://en. wikipedia. org/wiki/Anacharsis 2012年6月9日查阅。

然而,对斯基泰生活的正面赞美就是对希腊生活等习俗的批判。在古希腊罗马作家笔下,他曾多次对古希腊生活的诸多方面提出质疑。

如在政治上,他对梭伦的立法举动给予善意的讥讽,笑话他妄想用成文立法来制止公民的不义行为,殊不知法律如同蜘蛛网,只能网住那些弱者,遇到富人和权贵,就会被扯得粉碎。在参加了一次公民大会的集会之后,他惊讶地发现,在希腊人中间,聪明人有争讼,竟由蠢人来判决。[1]

在体育方面,他非常困惑,在希腊为什么内行人举行比赛竞技,而外行人则颁发奖品。他还对这样一件事情感到惊奇:希腊的立法者对肆意的暴行进行惩罚,却给那些相互打斗的运动员以荣誉。他把橄榄油称作会导致疯狂的毒药,因为运动员涂上它后,就会变疯以致相互打斗。[2]

对待宴饮,他弄不明白,为什么在宴席开始时,他们用小酒杯喝酒,而当他们"饱"后,却用大酒杯喝酒。

他这样定义希腊人的集市:一个与众不同的地方,在那里人们相互欺骗,使用奸诈手段彼此取胜。为什么希腊人禁止谎言,却在零售买卖中不加掩饰地说谎?

除此,在其他方面,他对古希腊生活还有诸多不解。如他说他在希腊见过的最奇怪的事情是,希腊人把烟火留在山上,而往城里运送燃料。

总之,他的言语自由,谈话古怪直接、坦率自由。雅典人经常视他的话如同谚语。例如,在确知船舷只有4个手指厚时,他评论说,乘客离死亡只有一步之遥了。对什么样的船最安全这个问题,他的回答是"那些被拖上岸的船。"有个雅典人辱骂他是斯基泰人,他回答说,"好哇,假如我的国家对我是一种耻辱的话,那么你们对你们的国家就是一种耻辱。"这些小故事无不体现了他语言的直率。难怪有人问"人们

---

〔1〕普鲁塔克:《希腊罗马名人传》(上),黄宏煦编,陆永庭、吴彭鹏译,第171页。

〔2〕第欧根尼·拉尔修:《名哲言行录》,马永翔等译,第66页。以下相关阿那卡尔西司的传闻轶事皆出自此书,不再做注。

当中什么东西既好又不好"时,他回答:"舌头"。显然,古典作家让他用这种双关语表达语言的两重性。不管如何,阿那卡尔西司直率的语言被冠以"斯基泰式的话语"。

8.3 游牧特色十足的君主——阿提亚斯

如果说司库列斯和阿那卡尔西司是斯基泰王室成员中文化色彩极浓的人物,那么阿提亚斯则是斯基泰诸王中极具武功的一位。他率一支斯基泰人长期在多瑙河下游多布罗加地区活动,和当地许多民族征战不休,与当地希腊城邦多有交往,可以说,他以自己的武功为斯基泰人在多瑙河右岸获得了一个立足之地。他的真实性无需怀疑,因为历史留下了许多物证。例如,考古学家曾发现 5 枚与当时斯基泰王阿提亚斯相关的钱币(见图 8 – 3[1])。这些钱币都是在希腊殖民城邦卡拉提斯(Callatis,今罗马尼亚曼加利亚)铸造,其中某些印有阿提亚斯之名 ATAIA[2] 和一个骑马者的肖像,某些则刻有字母 KAΛ,可能是 KAΛ (ΛATIANΩN)的缩写。由重量和式样来看,这些钱币属于公元前 353 年—前 347 年之间。因此,从这些钱币来判断,阿提亚斯在公元前 4 世纪中叶已经率部越过多瑙河。[3]

不仅如此,在与外族征战过程中,阿提亚斯还与当时巴尔干地区新兴势力马其顿国王——腓力二世发生过激烈交锋。尽管两者冲突为时不长,但阿提亚斯还是为某些古典作家瞩目,其传闻轶事遂流传下来。从现有记载来看,阿提亚斯绝对是一位强有力的统治者。为达到目标,他多谋善变,远交近攻;同时,他喜欢游牧生活,个人习惯极具游牧特色。

---

〔1〕http://s155239215. onlinehome. us/turkic/3 0_Writing/Scythians_En. htm 2011 年 2 月 14 日查阅。

〔2〕阿提亚斯有很多拼写形式,如 Atheas, Ateas, Ateia, Ataias and Ateus。

〔3〕John Gardiner-Garden, "Ateas and Theopompus", in *The Journal of Hellenic Studies*, Vol. 109 (1989), pp. 29 – 40.

欧·亚·历·史·文·化·文·库·

图 8 - 3　带有阿提亚名称的一枚钱币

8.3.1　远交近攻、多谋善变

出现在历史视野的阿提亚斯,其活动大都在多瑙河下游右岸多布罗加地区。这不是斯基泰人熟悉的本土——黑海北岸草原,而是一块陌生的土地。其间沼泽密布,沟壑纵横,土地相对狭小。置身这种陌生的环境,外有强敌环伺,内又资源不足,且自身又扶老携幼,行动不便。因此,想在多布罗加站稳脚跟,生存下来,非有灵活手腕不可。阿提亚斯显然具备这种条件。他当时年届 90,人生阅历非常丰富。由于他长时间在草原上摸爬滚打,见惯了尔虞我诈、弱肉强食,他有足够的智慧和韧性去应付这种局面。在此,他首先与人数众多的特里巴利人竞争。前文已经说过,为了对付特里巴利人,阿提亚斯制造人马众多、兵强马壮的假象,于真实虚假之间,让对手难于判断,自乱阵脚。

接下来,他要对付希斯特里亚人这个劲敌。当时,他苦于实力不足,曾向马其顿国王腓力二世求援,答应事成之后收腓力为养子,日后由其继承斯基泰人的王位。然而,谁都没有想到的是,劲敌——希斯特里亚国王却在此时不战而亡,形势猛然间对斯基泰人非常有利。

没有永恒的朋友,只有永恒的利益。长期的军旅生涯、恶劣的生存环境,使得阿提亚斯非常圆滑,所有决策都以实际利益为准绳,朝三暮四的事情常有。由于大敌已灭,阿提亚斯感到无需马其顿援助了。于是,他遣返马其顿援军,与腓力二世盟约之事一概不认,在向腓力传达的口信中说:"他没有向腓力二世寻求过援助,也没有打算收养他。因为斯基泰人不需要马其顿人来保护,在战场上斯基泰人比马其顿人勇武。还有他自己也不想要一个继承人,因为他有一个儿子"[1]。

此情此景之下,腓力二世无疑非常愤怒。不过,他也不是等闲之辈,绝不肯受如此侮辱。当时,他正在围攻拜占庭,苦于军费不足。于是他派使者到阿提亚斯那里,要求他支付一部分围城费用,理由是当他派遣士兵援助阿提亚斯时,阿提亚斯甚至没有支付他们的行军费用,也没有对他们服务的报酬说过什么。不过,阿提亚斯并不吃这一套。他在回复腓力二世的信中说,他们那里气候严酷,土地贫瘠,斯基泰人还不富裕,"没有财富来满足如此伟大的一个国王,他想做不到还不如拒绝,这并不使人脸上无光;且斯基泰人素来是以他们的勇气和艰苦奋斗,而不是财富被人看重"[2]。

索财无望,被激怒的腓力二世萌生了与阿提亚斯战斗一场的想法。于是,他撤围拜占庭,着手与斯基泰人的战争。他首先派遣使者麻痹斯基泰人,让其放松警惕,告诉阿提亚斯说,"当他在围攻拜占庭时,他曾向赫拉克勒斯发誓,他会在伊斯特河口立一尊雕像;他要求在他向神邸实现誓言的道路上毫无阻碍,因为他前来是作为斯基泰人的朋友的"[3]。显然,腓力二世想出一招类似中国古代假道伐虢的计策,想以出军为赫拉克勒斯竖立雕像的名义,趁斯基泰人疏于防范之机,攻其不备。

然而,阿提亚斯也料到了腓力二世的企图。对于腓力二世的请求,阿提亚斯则虚与委蛇,说腓力二世如果想实现他的誓言,可以将这尊雕像送到他那里,由他为其竖立,且承诺它不仅会被竖立起来,而且还会完好无损。如果腓力二世无视斯基泰人而坚持自己竖立这尊雕像,那么等他走了之后,他会拿走这尊雕塑,将上面的金属铸成箭镞。

由于双方都无和解之意,冲突不可避免。交锋的结果是阿提亚斯兵败被杀。

〔1〕http://www.tertullian.org/fathers/justinus_03_books01to10.htm　2012年3月12日查阅。

〔2〕http://www.tertullian.org/fathers/justinus_03_books01to10.htm　2012年3月12日查阅。

〔3〕http://www.tertullian.org/fathers/justinus_03_books01to10.htm　2012年3月12日查阅。

·欧·亚·历·史·文·化·文·库·

由阿提亚斯的言行来看,他显然惯于使用远交近攻的策略,且喜欢根据形势及时改变,唯利是图。然而,不幸的是,他与当时正处于上升时期的马其顿人为敌,其失败遂不可避免。

8.3.2　游牧特色鲜明

由于阿提亚斯多在殖民城邦密布且离希腊本土较近的多布罗加地区征战,其生活行状偶为希腊人所窥,其人物特色遂为人所知。尽管其中有古希腊人的杜撰,但大部分应该都是真的。或者可以说,即使故事情节是假的,但反映的事实是真的。

从希腊人的记载来看,阿提亚斯非常热爱马匹,经常亲自给马梳毛。有一次,腓力二世的使者求见,当时他正在给马梳毛,于是转头问使者,腓力二世是否也干这种事情。不仅如此,他喜欢马的嘶鸣声胜于长笛柔和的颤音。有一次,他俘虏了伊斯麦尼亚斯(Ismenias),一个优秀的竖琴演奏家。于是,阿提亚斯命令他弹奏竖琴,当其他人津津有味地欣赏时,他却对此嗤之以鼻,说还不如马嘶鸣好听[1]。

从这些轶事中,我们可以看出,阿提亚斯应该是个爱马的人。日常生活中,他也亲自喂马、给马梳毛。他爱马至深,有时外交辞令中也出现过马匹。在一封他给拜占庭的信中,他说他们最好不要破坏他的计划,否则他将在那里饮马。显然,这里他以饮马暗指进攻,这和中国古代北方游牧民族所谓的饮马长江之意是一样的。

总之,斯阿提亚斯是个相对原始的人物,他热爱游牧生活,身上保留着游牧民族浓重的传统特色。

8.4　折箭教子的西卢鲁斯

西卢鲁斯(见图8-4[2])是克里米亚小斯基提亚的一位国王。关于他的事迹,史载不多,但有一条关于他弥留时折箭教子的故事却饶

---

〔1〕Plutarch, *Plutarch's Morals*(《道德论集》), Vol.1, Printed for W. Taylor, 1718, p.184.

〔2〕http://en. wikipedia. org/wiki/File:Skiluros_Archaeological_Museum_of_Odessa. JPG　2011年2月14日查阅。

有趣味,可以和中国古代北方游牧民族类似的故事相比较。我们先从一篇文章谈起。

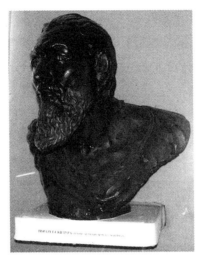

图 8 - 4　考古学家复原的西卢鲁斯雕塑

8.4.1　吴德铎所著之文《〈伊索寓言〉与我国史册》

在《文汇报》1979 年 6 月 13 日号上,吴德铎发表《〈伊索寓言〉与我国史册》一文。在文中,他认为我国公元 6 世纪上半叶,北魏时代崔鸿记录的一段故事,与伊索寓言中《农夫的儿子们》的情节相似。[1]

《太平御览·箭上》引崔鸿《三十国春秋·西秦录》曰:

> 白兰王吐谷浑阿柴临卒,呼子弟谓曰:"汝等各奉吾一只箭,将玩之地下。"俄而命母弟慕延曰:"取汝一只箭,折之。"延折之;又曰:"汝取十九只箭折之。"延不能折。柴曰:"汝曹知单者易折,众则难摧,戮力一心,然后社稷可固。"言终而卒。[2]

《北史·吐谷浑传》所载与上大致相同:

> 阿豺有子二十人,纬代长子也。阿豺又谓曰:"汝等各奉吾一只箭,将玩之地下。"俄而命母弟慕延利曰:"汝取一只箭,折之。"

---

〔1〕吴德铎:《〈伊索寓言〉与我国史册》,载《文汇报》1979 年 6 月 13 日号。

〔2〕〔宋〕李昉:《太平御览》卷 349,中华书局 1960 年版,第 1608 页。

慕延利折之。又曰:"汝取十九只箭折之"延不能折。阿豺曰:"汝曹知不? 单箭易折,众则难摧,戮力一心,然后社稷可固。"言终而死[1]。

而伊索寓言中《农夫的儿子们》故事全文如下:

> 有个农夫,他的孩子们时常争吵。农夫多次劝说,都说不通,心想须得用事实来说服他们才行,于是叫孩子们拿一捆树枝来。等他们把树枝拿来,农夫先是把整捆树枝给他们,叫他们折断。孩子们一个个费了很大力气,也折不断。接着,农夫把那捆树枝解开,给他们每人一根,他们都很容易就把树枝折断了。这时,农夫说:"孩子们,你们也是一样,团结起来,就是不可战胜的;可是,你们争吵不休,就容易被敌人击破。"

> 这故事是说,团结就是力量,起内讧,就容易被击破[2]。

对于这两个故事、三则短文,吴德铎认为,除了主人公身份(一个是农民,一个是统治者)和用以说理的道具(一个是树枝,一个是箭杆)有所不同,其他从立意到表达方式都完全相同。然而在西方,《农夫的儿子们》这个故事并不是与阿豺折箭教子故事最为相似的例子,因为两者只是大致神似,尚未做到完全形似。与阿豺折箭教子故事最为形似神似的例子莫过于西卢鲁斯折箭教子的故事。

8.4.2　西卢鲁斯折箭教子之故事

西卢鲁斯折箭教子的故事是普鲁塔克记载的。他在《国王和首领谚语录》中写道:

> 西卢鲁斯临死时卧在床上,即将离开他健在的80个儿子。他给他们每人一束箭,嘱咐他们折箭。然而所有人都拒绝这样做,而是一只接一只取出,轻易将之折断。接着(西卢鲁斯)告诫他们,如果他们同心协力,就会继续强大;如果他们彼此不和、分离,他们就会变得弱小[3]。

[1]〔唐〕李延寿:《北史》卷96,中华书局1974年版,第3180页。
[2]罗念生:《罗念生全集》(第6卷),上海世纪出版集团2004年版,第107页。
[3]Plutarch, *Plutarch's Morals*, Vol.1, p.184.

显然,这个故事比《农夫的儿子们》与阿豺折箭教子的故事更为相似。他们的身份同为游牧民族,故事情节几乎惊人地相似,都是国王或首领临死时,教育子弟们折箭,折箭顺序也都是先折断单只,后再整捆去折,最后寓意也大致相似。不仅如此,双方此类故事也更加真实可信,因为只有游牧民族才会有想出如此贴近他们生活的教育方式。

不过,西卢鲁斯是公元前2世纪末的人物,阿豺则到了公元6世纪上半叶,两者相差七八百年。因为时空相距遥远,语言殊异明显,阿豺模仿西卢鲁斯折箭教子的可能性很小。其实,在游牧民族中,这种折箭教子的做法不一定非要模仿他人,它显然取自日常的生活体验,是具有一定的普遍性的。无独有偶,成吉思汗先祖阿阑豁阿也曾折箭教子,告诉诸子要像一束箭那样,分则败,合则强。

其实,这种折箭教子的故事从表面上看是一种教育手段。它以一种直观的方式,以游牧民族喜闻乐见的武器——箭作为直观教具,演示事物分合的效果,教育大家要团结。同时,从深层次来说,它还是一种盟誓行为,亦即所有折箭之人必须承诺团结,否则个人命运犹如孤箭,处境危险。在传统的游牧社会中,盟誓行为是一种被广泛使用的保护家族延续的重要手段。它基于社会需要而产生,同时又强化这种需要。而结盟宣誓的人对这些行为也深信不疑,它早已深入到人们的意识行为中。这样,盟誓因它的约束力和被信守而常常成为一种法的雏形——一种社会的共同契约。它大多围绕着战争,来强化自身的团结。这种盟誓是郑重的,一言既出,无可反悔。

还以西卢鲁斯为例。他之所以在临死前折箭教子,是因为强敌压境。当时黑海南岸的本都国王米特拉达梯六世应克里米亚的希腊殖民城邦之邀,急欲出兵克里米亚,打击克里米亚小斯基提亚。正是在这种危急的环境下,西卢鲁斯临死前才告诫其众多的儿子要团结一致,共同对敌。

总之,折箭教子是在当时游牧民族尚无文字的情况下,采取的一种人人都能明白的手段,讲述的是一种浅显而又重要的道理。

结　语

作为上古时期一支叱咤风云的游牧民族,斯基泰人凭借着先进的骑射技艺,在黑海北岸及邻近地区如此广袤的世界里穿梭游荡,在人类早期文明史上写了浓墨重彩的一笔。它给予文明世界的冲击鲜亮惊人,让南方的农耕民族从此不敢小觑,史书里骂他们是野蛮人、自相残杀的族类,可以说是斯基泰人威力的另类证据;同时,它和文明世界的联系也前所未有,频繁深入。可以说,正是斯基泰人及其他草原民族,依托草原,凭借车马,于东西方大陆往来,于内陆沿海沟通,让原本几乎隔绝的世界大陆开始了涓涓细流般的交往。

不可否认,作为一个长期处于文明边缘地区的游牧民族,其文化仍带有初入历史舞台的那种蛮悍气息。然而,正因处于边缘地带,他们没有受到农耕文明的强烈冲击,可以相对自由地按照自己的意志生活,其生活文化虽然濡染了很多外来文化的色彩,但底色始终未改,本性依然。在经济上,他们可以骑马放牧,但又不囿于游牧,也从事劫掠、农耕、商贸等行业;在文化上,相比当时的地中海世界,斯基泰人的文化固然单薄了一些,但并非单调,它也五颜六色,让人眼花缭乱;从性格特征、价值伦理观,到婚丧礼俗、兵制战法,他们所有的思维习惯和行为方式,也有一套自己的规矩可以遵循,并非完全没有秩序,不知礼仪的蛮族人群。

总之,斯基泰人的文化凸显着独有的文化象征主义和鲜明的时代印记,这都是同他们本身所处的草原那一特定的社会环境相适应的。从历史主义的眼光去看,这是新近才出现的,非常新鲜,没有任何理由可以否认,斯基泰人在游牧文明历史上,在东西方交通中曾做出过突出贡献。

参考文献

（一）外文专著及文章

Armstrong A M. Anacharsis the Scythian. Greece & Rome. 1948, Vol. 17, No. 49.

Cernenko E V. The Scythians: 700—300 B. C. Oxford: Osprey Publishing Ltd., 1983.

David Braund. Scythians and Greeks: Cultural Interactions in Scythia, Athens and the Early Roman Empire(six century BC—first century AD). Exeter: University of Exeter Press, 2005.

Diodorus. The Library of History. Loeb Classical Library. MA: Harvard University Press, 1935.

Davis-Kimball, Jeannine, Bashilov V & Yablonsky L. Nomads of the Eurasian Steppes in the Early Iron Age. Berkeley: Zinat Press, 1995.

David Asheri, Alan Lloyd, Aldo Corcella. A Commentary on Herodotus Books I – IV. Oxford: Oxford University Press, 2007.

Demosthenes. Orations. Vol. 1. Loeb Classical Library, Cambridge. MA: Harvard University Press, 1930.

Frontius. The Stratagems. II. Loeb Classical Library, Cambridge. MA: Harvard University Press, 1997:4, 20.

Gocha R T. Ancient Greeks West and East. Leiden, Netherlands, Boston: Brill, 1999.

Gocha R T. North Pontic Archaeology: Recent Discoveries and Studies. Leiden, Boston: Brill, 2001:250.

Gocha R T. The Greek Colonization of the Black Sea Area: Historical Interpretation of Archaeology. Stuttgart: Steiner, 1998.

John Gardiner-Garden. Ateas and Theopompus. The Journal of Hellenic Studies. 1989,109:29 – 40.

John Boardman. The Greeks Overseas: Their Early Colonies and Trade. London : Penguin Books, 1964.

Jane Turner. The Dictionary of Art. Vol. VIII. New York: Grove, 1996.

Khazanov. Nomads and the Outside World. MA: University of Wisconsin Press, 1994.

Rostovtzeff M. Iranians and Greeks in South Russia. Oxford: The Clarendon Press, 1922.

Oswald Szemerenyi. Four Old Iranian Ethnic Names Scythia-Skudra-Sogdian-Saka. Österreichische Akademie der Wissenschaften, 1980.

Pia Guldager Bilde, Jakob Munk Højte & Vladimir F. Stolba (eds.). The Cauldron of Ariantas, Studies Presented to A. N. Sceglov on the Occasion of His 70th Birthday. Denmark: Aarhus University Press, 2003.

Peter Bogucki, Pam J. Crabtree. Ancient Europe 8000 B. C. —A. D. 1000: Encyclopedia of the Barbarian World II. New York: Charles Scribner's Sons, 2004.

Plutarch. Plutarch's Morals. Vol. 1. London:Printed for W. Taylor, 1718.

Renate Rolle. The World of the Scythians. Berkeley and Los Angeles: University of California, 1989.

Scott E M, Andrey Yu Alekseev and Ganna Zaitseva. Impact of the environment on human migration in Eurasia. Dordrecht,London: Kluwer Academic, 2004.

Stephanie West. Scythians // Brill's Companion to Herodotus. Egbert J. Bakker, Irene J. F. De Jong (eds.). Leiden,Boston,Köln: Brill, 2002: 444.

Strabo. The Geography of Strabo. Loeb Classical Library, Cambridge. MA: Harvard University Press, 2001.

Sulimirski T. The Scyths // The Cambridge History of Iran, V. 2. Cambridge：Cambridge University Press，1986.

Tadeusz Sulimirski. The Sarmatians（Ancient Peoples & Places）. Thames & Hudson Ltd. ，1970.

Tamara Talbot Rice. The Scythians. London：Thames and Hudson，1957.

Timonthy Taylor. Believing the Ancients：Quantitative and Qualitative Dimensions of Slavery and the Slave Trade in Later Prehistoric Eurasia. World Archaeology. The Archaeology of Slavery 2001，33（1）.

（二）中文著作及文章

阿尔茨霍夫斯基. 考古学通论. 楼宇栋，译. 北京：科学出版社，1956.

波德纳尔斯基. 古代的地理学. 梁昭锡，译. 北京：商务印书馆，2009.

查尔斯·金. 黑海史. 苏圣捷，译. 北京：中国出版集团，2011.

丹尼斯·塞诺. 内亚研究文选. 北京大学历史系民族史教研室，译. 北京：中华书局，2006.

第欧根尼·拉尔修. 名哲言行录（上）. 马永翔，赵玉兰，祝和军，张志华，译. 吉林：吉林人民出版社，2003.

费尔南·布罗代尔. 法兰西的特性：人与物（上）. 顾良，张泽乾，译. 北京：商务印书馆，1997.

郭物. 马背上的信仰：欧亚草原动物风格艺术. 北京：人民美术出版社，2005.

荷马. 伊利亚特∥罗念生全集. 第 5 卷. 罗念生，王焕生，译. 上海：上海人民出版社，2007.

黄时鉴. 希罗多德笔下的欧亚草原居民与丝绸之路的开辟∥内陆亚洲历史文化研究——韩儒林先生纪念文集. 南京：南京大学出版社，1996.

《旧约全书·耶利米书》，1. 11 – 16，6. 22 – 30.

刘雪飞. 关于斯基泰文化起源的思考. 历史教学问题，2011（1）.

杨宽.西周史.上海:上海人民出版社,1999.

勒内·格鲁塞.草原帝国.蓝琪,译.北京:商务印书馆,2009.

刘雪飞.上古辛梅里安人、斯基泰人同西亚诸族的交往//丝瓷之路:古代中外关系史研究:第1辑.北京:商务印书馆,2011.

莱斯莉·阿德金斯,罗伊·阿德金斯.探寻古希腊文明.张强,译.北京:商务印书馆,2010.

李昉.太平御览:卷349,北京:中华书局,1960.

李延寿.北史:卷96.北京:中华书局,1974.

罗念生.罗念生全集:第6卷.上海:上海世纪出版集团,2004.

麦金德.历史的地理枢纽.林尔蔚,陈江,译.北京:商务印书馆,1985.

莫任南.从《穆天子传》和希罗多德《历史》看春秋战国时期的中西交通.西北史地,1984(4).

普鲁塔克.希腊罗马名人传(上).黄宏煦,编,陆永庭,吴彭鹏,译.北京:商务印书馆,1990.

苏联科学院.世界通史:第2卷,上册.北京:三联书店,1960.

苏联科学院.世界通史:第2卷,下册.北京:三联书店,1960.

司马迁.史记:卷110.北京:中华书局,1982.

孙培良.斯基泰贸易之路和古代中亚的传说//中外关系史论丛:第1辑.北京:新知识出版社,1985.

瓦·奥·克柳切夫斯基.俄国史教程:第1卷.张草纫,浦允南,译.北京:商务印书馆,1992.

王明珂.游牧者的抉择:面对汉帝国的北亚游牧部族.南宁:广西师范大学出版社,2008.

王博,祁小山.丝绸之路:草原石人研究.乌鲁木齐:新疆人民出版社,2010.

吴德铎.《伊索寓言》与我国史册.文汇报,1979-06-13.

吴于廑.吴于廑谈世界历史上的游牧世界与农耕世界.世界历史,1983(1).

希罗多德.历史.王以铸,译.北京:商务印书馆,1959.

雅诺什·哈尔马塔.中亚文明史:第 2 卷.徐文堪,译.北京:中国对外翻译出版公司,2002.

杨建华.欧亚草原经济类型的发展阶段及其与中国长城地带的比较.考古,2004(11).

余太山.希罗多德《历史》关于草原之路的记载//早期丝绸之路文献研究.上海:上海人民出版社,2009.

赵云中.乌克兰:沉重的历史脚步.上海:华东师范大学出版社,2005.

张承志.历史与心史.读书,1985(9).

(三)网络资料

Ehsan Yar-Shater. Encyclop? dia Iranica[M/OL]. Vol. 5, s. v. Asb. [2012 - 02 - 14]. http://www. iranica. com/articles/asb - horse - equus - cabullus - av

Justin. Epitome of Pompeius Trogus [M/OL]. [2012 - 02 - 14]. http://www. tertullian. org/fathers/justinus_03_books01to10. htm

后　记

记得是 2009 年，笔者和余太山老师曾有过几次邮件往来。其中，有次他谈到"欧亚历史文化文库"一事，邀请我就斯基泰人写一卷。当时，我斗胆答应下来。但谁知因为撰写博士论文及毕业等事宜，该书一拖再拖，至今才能具体落实出版。对此，我无比惭愧。

斯基泰人是上古欧洲一个著名民族，细述起来牵扯到许多文字、许多学科。古文字方面，有古希腊文、拉丁文；今天的研究型语言则主要以俄语居多。至于学科，主要涉及考古学、历史学和语言学等等。笔者才疏学浅，掌握的外语仅限于英语，学科专业也仅仅涉及历史。因此，本书只能说是根据英文材料而进行的一次提纲挈领式的概览，不足之处还很多，希望各位专家学者不吝赐教。同时也希望未来有懂多语言的跨学科人才能在这一方面继续研究。在本书编辑过程中，兰州大学出版社施援平和许景两位老师给予诸多帮助，在此特致谢忱。至于书中出现的问题，概由本人负责。

刘雪飞

2012 年 9 月 25 日

索　引

·欧·亚·历·史·文·化·文·库·

·欧·亚·历·史·文·化·文·库·

欧亚历史文化文库

已经出版

欧·亚·历·史·文·化·文·库·

梁俊艳著:《英国与中国西藏(1774—1904)》　　　　　定价:88.00 元

〔乌兹别克斯坦〕艾哈迈多夫著,陈远光译:
　　《16—18 世纪中亚历史地理文献》(修订版)　　　定价:85.00 元

成一农著:《空间与形态——三至七世纪中国历史城市地理研究》
　　　　　　　　　　　　　　　　　　　　　　　　定价:76.00 元

杨铭著:《唐代吐蕃与西北民族关系史研究》　　　　　定价:86.00 元

殷小平著:《元代也里可温考述》　　　　　　　　　　定价:50.00 元

耿世民著:《西域文史论稿》　　　　　　　　　　　　定价:100.00 元

殷晴著:《丝绸之路经济史研究》　　　　定价:135.00 元(上、下册)

余大钧译:《北方民族史与蒙古史译文集》　定价:160.00 元(上、下册)

韩儒林著:《蒙元史与内陆亚洲史研究》　　　　　　　定价:58.00 元

〔美〕查尔斯·林霍尔姆著,张士东、杨军译:
　　《伊斯兰中东——传统与变迁》　　　　　　　　　定价:88.00 元

〔美〕J.G.马勒著,王欣译:《唐代塑像中的西域人》　定价:58.00 元

顾世宝著:《蒙元时代的蒙古族文学家》　　　　　　　定价:42.00 元

杨铭编:《国外敦煌学、藏学研究——翻译与评述》　　定价:78.00 元

牛汝极等著:《新疆文化的现代化转向》　　　　　　　定价:76.00 元

周伟洲著:《西域史地论集》　　　　　　　　　　　　定价:82.00 元

周晶著:《纷扰的雪山——20 世纪前半叶西藏社会生活研究》
　　　　　　　　　　　　　　　　　　　　　　　　定价:75.00 元

蓝琪著:《16—19 世纪中亚各国与俄国关系论述》　　定价:58.00 元

许序雅著:《唐朝与中亚九姓胡关系史研究》》　　　　定价:65.00 元

汪受宽著:《骊轩梦断——古罗马军团东归伪史辨识》　定价:96.00 元

刘雪飞著:《上古欧洲斯基泰文化巡礼》　　　　　　　定价:32.00 元

〔俄〕Т.Б.巴尔采娃著,张良仁、李明华译:
　　《斯基泰时期的有色金属加工业——第聂伯河左岸森林草原带》
　　　　　　　　　　　　　　　　　　　　　　　　定价:44.00 元

敬请期待

李鸣飞著:《玄风庆会——蒙古国早期的宗教变迁》

马小鹤著:《光明的使者》

许全胜著:《黑鞑事略汇校集注》

张文德著:《朝贡与入附——明代西域人来华研究》

尚永琪著:《胡僧东来——汉唐时期的佛经翻译家和传播人》

篠原典生著:《西天伽蓝记》

桂宝丽著:《可萨突厥》

张小贵著:《祆教史考论与述评》

贾丛江著:《汉代西域汉人和汉文化》

王冀青著:《斯坦因的中亚考察》

王冀青著:《斯坦因研究论集》

王永兴著:《敦煌吐鲁番出土唐代军事文书考释》

薛宗正著:《汉唐西域史汇考》

李映洲著:《敦煌艺术论》

叶德荣著:《汉晋胡汉佛教论集》

〔俄〕波塔宁著,〔俄〕奥布鲁切夫编,吴吉康译:《蒙古纪行》

王颋著:《内陆亚洲史地求索》(续)

〔德〕施林洛甫著,刘震译校:《叙事和图画
　　——欧洲和印度艺术中的情节展现》

王冀青著:《斯坦因档案研究指南》

〔前苏联〕巴托尔德著,张丽译:《中亚历史》

徐文堪编:《梅维恒内陆欧亚研究文选》

〔前苏联〕К.А.阿奇舍夫、Г.А.库沙耶夫著,孙危译:
　　《伊犁河流域塞人和乌孙的古代文明》

徐文堪著:《古代内陆欧亚的语言和有关研究》

刘迎胜著:《小儿锦文字释读与研究》

李锦绣编:《20世纪内陆欧亚历史文化研究论文选粹》

李锦绣、余太山编:《古代内陆欧亚史纲》

郑炳林著:《敦煌占卜文献叙录》

陈明著:《出土文献与早期佛经词汇研究》

李锦绣著:《裴矩〈西域图记〉辑考》

王冀青著:《犍陀罗佛教艺术》

王冀青著:《敦煌西域研究论集》

李艳玲著:《公元前2世纪至公元7世纪前期西域绿洲农业研究》

许全胜、刘震编:《内陆欧亚历史语言论集——徐文堪先生古稀纪念》

张小贵编:《三夷教论集——林悟殊先生古稀纪念》

·欧·亚·历·史·文·化·文·库·

李鸣飞著:《横跨欧亚——马可波罗的足迹》

杨林坤著:《西风万里交河道——明代西域丝路上的使者与商旅》

杜斗诚著:《杜撰集》

林悟殊著:《华化摩尼教补说》

王媛媛著:《摩尼教艺术及其华化考述》

〔日〕渡边哲信著,尹红丹、王冀青译:《西域旅行日记》

李花子著:《长白山踏查记》

王冀青著:《佛光西照——欧美佛教研究史》

王冀青著:《霍恩勒与鲍威尔写本》

王冀青著:《清朝政府与斯坦因第二次中国考古》

芮传明著:《摩尼教东方文书校注与译释》

马小鹤著:《摩尼教东方文书研究》

段海蓉著:《萨都剌传》

〔德〕梅塔著,刘震译:《从弃绝到解脱》

郭物著:《欧亚游牧社会的重器——鍑》

王邦维著:《玄奘》

冯天亮著:《词从外来——唐代外来语研究》

芮传明著:《内陆欧亚中古风云录》

王冀青著:《伯希和敦煌考古档案研究》

王冀青著:《伯希和中亚考察研究》

李锦绣著:《北阿富汗的巴克特里亚文献》

〔日〕荒川正晴著,冯培红译:《欧亚的交通贸易与唐帝国》

孙昊著:《辽代女真社会研究》

赵现海著:《明长城的兴起
　　——"长城社会史"视野下明中期榆林长城修筑研究》

华喆著:《帝国的背影——公元 14 世纪以后的蒙古》

〔前苏联〕伊·亚·兹拉特金著,马曼丽译:《准葛尔汗国史》(修订版)

杨建新著:《民族边疆论集》

〔美〕白卖克著,马娟译:《大蒙古国的畏吾儿人》

余太山著:《内陆欧亚史研究自选论集》

淘宝网邮购地址:http://lzup.taobao.com